Iller

Von Oberstdorf nach Ulm

Esterbauer

bikeline-Radtourenbuch Iller-Radweg

A-3751 Rodingersdorf, Hauptstr. 31
Tel.: ++43/2983/28982
Fax.: ++43/2983/28982-500
E-Mail: bikeline@esterbauer.com
www.esterbauer.com
1. Auflage, Herbst 2002

ISBN 3-85000-126-1

Bitte geben Sie bei jeder Korrespondenz die Auflage und die ISBN an!

Dank an alle, die uns bei der Erstellung dieses Buches tatkräftig unterstützt haben.
Das *bikeline*-Team: Birgit Albrecht, Beatrix Bauer, Grischa Begaß, Anita Daffert, Michaela Derferd, Roland Esterbauer, Jutta Gröschel, Dagmar Güldenpfennig, Carmen Hager, Martina Kreindl, Veronika Loidolt, Mirijana Nakic, Maria Pfaunz, Petra Riss, Tobias Sauer, Inga Schilgen, Gaby Sipöcz, Matthias Thal.
Bildnachweis: Bildnachweis: Veronika Loidolt: Cover, 6, 10, 13, 14, 15, 16, 17, 18, 20, 22, 24, 28, 33, 42, 44, 46; Kurverwaltung Bad Grönenbach: 32; Tobias Sauer: 38; TZ Ulm/Neu Ulm: 48; Archiv: 50, 52

Dieses Buch wird empfohlen von:

VCS • VCÖ • VCD Verkehrsclubs

ARBÖ Auto-, Motor- und Radfahrerbund Österreichs

ARGUS Arbeitsgem. umweltfreundlicher Stadtverkehr

FDNF Fahrrad-touristik GbR

Naturfreunde

tour DAS RADMAGAZIN

Pedal Bike for Fun

Was ist bikeline?

Wir sind ein junges Team von aktiven RadfahrerInnen, die 1987 begonnen haben, Radkarten und Radbücher zu produzieren. Heute tun wir dies als Verlag mit großem Erfolg. Mittlerweile gibt's bikeline© und cycline© Bücher in vier Sprachen und in vielen Ländern Europas.

Um unsere Bücher immer auf dem letzten Stand zu halten, brauchen wir auch Ihre Hilfe. Schreiben Sie uns, wenn Sie Fehler oder Änderungen entdeckt haben. Oder teilen Sie uns einfach die Erfahrungen und Eindrücke von Ihrer Radtour mit.

Wir freuen uns auf Ihren Brief,

Ihre bikeline-Redaktion

Vorwort

Oberstdorf – der beliebte Wintersportort in den Allgäuer Alpen, hier ist der Iller-Ursprung. Aus den Flüssen Breitach und Stillach entsteht die Iller und sie setzt ihren Lauf fort als gebändigter Alpenfluss mit frischem, bläulichen Wasser. Durch das Allgäu sucht sie sich ihren Weg, durchstreift ein wunderbar weites Tal mit interessanten Städten, wie Immenstadt, Kempten oder Bad Grönenbach. Zu Beginn begleiten die Alpen den Fluss mit wunderschönen Almen, Bergbauernhöfen und malerischen Dörfern mit den typisch bayerischen Zwiebeldachkirchen. Hinter dem Kurort Bad Grönenbach werden die Berge niedriger, der Fluss wird breiter und schließlich mündet er in Ulm in den Donaustrom. Die Donaustadt empfängt Sie mit ihrem malerischen Fischerviertel und dem berühmten gotischen Münster – mit einem Wort ein lohnenswertes Ziel.

Und übrigens: Präzise Karten, genaue Streckenbeschreibungen, zahlreiche Stadt- und Ortspläne, Hinweise auf das kulturelle und touristische Angebot der Region und ein umfangreiches Übernachtungsverzeichnis – in diesem Buch finden Sie alles, was Sie zu einer Radtour entlang der Iller brauchen – außer gutem Radlwetter, das können wir Ihnen nur wünschen.

Kartenlegende (map legend)

Die Farbe bezeichnet die Art des Weges:
(The following colour coding is used:)

- Hauptroute (main cycle route)
- Radweg / autofreie Hauptroute (cycle path / main cycle route without motor traffic)
- Ausflug oder Variante (excursion or alternative route)
- Radweg in Planung (planned cycle path)

Strichlierte Linien zeigen den Belag an:
(The surface is indicated by stippled lines:)

- asphaltierte Strecke (paved road)
- nicht asphaltierte Strecke (unpaved road)

Punktierte Linien weisen auf KFZ-Verkehr hin:
(Routes with vehicular traffic are indicated by dotted lines:)

- Radroute auf mäßig befahrener Straße (cycle route with moderate motor traffic)
- Radroute auf stark befahrener Straße (cycle route with heavy motor traffic)
- Radfahrstreifen (cycle lane)

- starke Steigung (steep gradient, uphill)
- leichte bis mittlere Steigung (light gradient)
- 3 Entfernung in Kilometern (distance in km)

Maßstab 1 : 50.000
1 cm ≙ 500 m 1 km ≙ 2 cm

- Schönern sehenswertes Ortsbild (picturesque town)
- ( ) Einrichtung im Ort vorhanden (facilities available)
- Jugendherberge; Hotel, Pension (youth hostel; hotel, guesthouse)
- Campingplatz; Naturlagerplatz (camping site; simple tent site)
- Tourist-Information; Einkaufsmöglichkeit (tourist information; shopping facilities)
- Gasthaus; Rastplatz (restaurant; resting place)
- Freibad; Hallenbad (outdoor swimming pool; indoor swimming pool)
- sehenswerte Gebäude (buildings of interest)
- Mühle andere Sehenswürdigkeit (other place of interest)
- Museum; Theater; Ausgrabungen (museum; theatre; excavation)
- Tierpark; Naturpark (zoo; nature reserve)
- Aussichtspunkt (panoramic view)
- Parkplatz; Parkhaus (parking lot; garage)
- Schiffsanleger, Fähre (boat landing; ferry)
- Werkstatt; Fahrradvermietung (bike workshop; bike rental)
- überdachter ~; abschließbarer Abstellplatz (covered ~; lockable bike stands)

- Kirche; Kapelle; Kloster (church; chapel; monastery)
- Schloss, Burg; Ruine (castle; ruins)
- Turm; Funkanlage (tower; TV/radio tower)
- Kraftwerk; Umspannwerk (power station; transformer)
- Windmühle; Windkraftanlage (windmill; windturbine)
- Wegkreuz; Gipfel (wayside cross; peak)
- Bergwerk (mine)
- Denkmal (monument)
- Sportplatz (sports field)
- Flughafen (airport, airfield)
- Quelle; Kläranlage

- Gefahrenstelle; Text beachten (dangerous section; read text carefully)
- Treppen; Engpass (stairs; narrow pass, bottleneck)
- X X X Radfahren verboten (road closed to cyclists)

nur in Ortsplänen: (only used in city maps:)

- Post; Apotheke (post office; pharmacy)
- F H Feuerwehr; Krankenhaus (fire-brigade; hospital)

0 1 2 3 4 5 6 7 8 9 10 km

- **Staatsgrenze** (international border)
- **Grenzübergang** (border checkpoint)
- **Landesgrenze** (country border)
- **Wald** (forest)
- **Felsen** (rock, cliff)
- **Vernässung** (marshy ground)
- **Weingarten** (vineyard)
- **Friedhof** (cemetary)
- **Watt** (shallows)
- **Dünen** (dunes)
- **Wiesen, Weiden** (meadows)
- **Damm, Deich** (embankment, dyke)
- **Staumauer, Buhne** (dam, groyne, breakwater)
- **Schnellverkehrsstraße** (motorway)
- **Hauptstraße** (main road)
- **Nebenstraße** (minor road)
- **Fahrweg** (carriageway)
- **Fußweg** (footpath)
- **Straße in Bau** (road under construction)
- **Eisenbahn m. Bahnhof** (railway with station)
- **Schmalspurbahn** (narrow gage railway)
- **Tunnel; Brücke** (tunnel; bridge)

Inhalt

Der Iller-Radweg

Der Ursprung der Iller befindet sich in der Nähe von Oberstdorf in den Allgäuer Alpen. Der Fluss bildet sich aus den drei Flüsschen Breitach, Stillach und Trettach. Auf 165 Kilometern durchfließt die Iller das Allgäu und die Region Donau-Iller und streift interessante Städte, Sehenswürdigkeiten und idyllische Plätze. Vor allem bildet sie den Illerbruch – ein wahres Naturschauspiel in der Nähe von Kalden. Es ist dies eine Schleife, die man von einem Hügel herab, wo einst die Burg Kalden stand, wunderbar betrachten kann. Allein dieser Anblick ist es wert, den Iller-Radweg zu befahren.

Ein anderer großer Pluspunkt des Iller-Radwanderweges ist die Ruhe, die man neben dem Fluss erleben darf. Während der Fahrt hört man nur das Rauschen des Wassers und die Geräusche der Natur – Vogelgezwitscher, den Wind in den Bäumen oder knackendes Unterholz. Es ist ein beruhigendes Gefühl und eine wirkliche Entspannung von Oberstdorf nach Ulm entlang der Iller zu radeln!

Streckencharakteristik

Länge

Die **Länge** des Iller-Radweges mit Start in Oberstdorf und Endziel Ulm beträgt 143,5 Kilometer ohne Berücksichtigung von Ausflügen und Alternativstrecken.

Wegequalität & Verkehr & Steigungen

Der Iller-Radweg verläuft zum Großteil auf einem nicht asphaltierten Weg direkt neben dem Fluss auf dem Damm. Dieser Weg ist nur für Fahrzeuge der Wasserwirtschaftsverwaltung und für Radfahrer frei. Ab und zu wird das Ufer gewechselt. Wenn sich die Route vom Fluss entfernt, dann führt die Strecke auf asphaltierten Landwirtschaftswegen und ruhigen Landstraßen entlang.

Der einzige kurze Abschnitt im Verkehr ist vor Reichholzried – zirka 2 Kilometer lang. Die ganze Strecke ist eigentlich verkehrsfrei.

Es kommen so gut wie keine Steigungen vor, außer in Bad Grönenbach auf der Rothensteiner Straße, vor Kempten, in Altusried, in Sommersberg und in Ferthofen.

Beschilderung

Der Iller-Radweg ist durchgehend in beiden Richtungen beschildert. Die Schilder sind quadratisch weiß mit blauer Aufschrift und dem blauem Iller-Radweglogo.

Tourenplanung

Infostellen

Regionalverband Donau-Iller, Insel 14, D-89231 Neu-Ulm, ✆ 0731/73041, Fax: 0731/724434

Anreise & Abreise mit dem Auto:

Oberstdorf erreichen Sie ganz einfach mit dem Auto, auf der A7 bis Kempten und dann auf der B 19 direkt bis Oberstdorf. Von Ulm aus kommen Sie mit der Bahn ganz einfach nach Oberstdorf zurück und können dort wieder in Ihr Auto einsteigen. Ulm liegt nahe dem Autobahnkreuz zwischen A7 und A8, es ist also einfach zu erreichen.

Anreise & Abreise mit der Bahn:

Oberstdorf liegt direkt an der Regionalbahn und ist von Kempten aus gut zu erreichen, im Stundentakt verkehren hier die Züge zu dem beliebten Wintersportort. Ulm liegt direkt an der EC- und IC-Strecke und die Züge verkehren hier im Stundentakt in jede Himmelsrichtung.

Infostellen:
Radfahrer Hotlinie, ✆ 01805/151415
Tickethotlinie, ✆ 01805/996633
www.adressen: www.bahn.de

Fahrradtransport

Versand: Wenn Sie in **Deutschland** Ihr Fahrrad im Voraus als Reisegepäck zum Zielort schicken wollen, wird dieses über den Hermes Versand abgewickelt. Der Transport kostet € 23,50, für jedes weitere Fahrrad werden € 18,40 berechnet. Die Lieferzeit beträgt 2 Werktage, Zustell- und Abholzeiten sind Mo-Fr 9-17 Uhr. Das Kurier-Gepäck-

Ticket kaufen Sie entweder direkt mit Ihrer Bahnkarte oder über den Hermes-Versand, ✆ 01805/4884.

Sie sollten dabei jedoch folgendes beachten: das Fahrrad wird innerhalb Deutschlands nur noch direkt von Haus zu Haus zugestellt, d. h. keine Lagerung am Bahnhof mehr möglich. Wenn Sie einen Bahnhof als Zustelladresse angeben, müssen Sie das Fahrrad direkt in Empfang nehmen. Es gibt jedoch auch Fahrradstationen die Ihnen einen Service als Zustell- oder Abholadresse bieten, Infos dazu bei der Radfahrer-Hotline: ✆ 01805/151415.

Weiterhin besteht für die Verschickung von Fahrrädern **Verpackungspflicht**. Verpackungen können Sie bei der Bahn AG entweder leihen oder um € 5,– kaufen. Bestellung beim Kauf des Kuriergepäck-Tickets.

Mitnahme: Die **direkte Fahrradmitnahme** ist in Deutschland in Zügen, die im Fahrplan mit dem Radsymbol 🚲 gekennzeichnet sind, möglich, aber nur wenn Sie im Besitz einer Fahrradkarte sind und genügend Laderaum vorhanden ist, eine Stellplatzreservierung ist deshalb empfehlenswert. In fast allen Zügen des Fernverkehrs benötigen Sie spätestens am Tage zuvor eine Stellplatzreservierung für Ihr Fahrrad.

Die Mitnahme kostet € 8,–, Bahncardbesitzer zahlen € 6,– und in Zügen des Nahverkehrs kostet die Mitnahme € 3,–. Für Fahrradanhänger, Tandems, Liegeräder und Dreiräder sowie Fahrräder mit Hilfsmotor müssen Sie zusätzlich noch eine zweite Fahrradkarte erwerben.

Weitere Informationen z. B. zu Reiseverbindungen, Fahrplänen od. Fahrpreisen erhalten Sie am Kundentelefon unter ✆ 01805/996633.

Rad & Bahn

Radverleihstationen:

Insgesamt 180 Vermietstationen der Bahn gibt es in Deutschland derzeit.

Sie sollten sich aber immer im Voraus an der Vermietstation über Preise und Öffnungszeiten informieren. Zum Mieten eines Fahrrades benötigen Sie einen gültigen Lichtbildausweis und € 125,– für die Kaution. Die Mietgebühren sind teilweise sehr unterschiedlich, sie betragen zwischen € 3,– und € 12,50 pro Tag.

Für sonstige weitere Informationen wenden Sie sich am besten an die **Radfahrer-Hotline** der Deutschen Bahn AG: ✆ 01805/151415.

Sie können entlang der Iller-Radtour an folgenden Bahnhöfen ein Fahrrad ausleihen:

Ulm, Fa. Reich, ✆ 0731/21179

Kempten, 2 Rad Süssner, ✆ 0831/27264

Sonthofen, rad sport hermann GmbH, ✆ 08321/86958

Oberstdorf, Zweiradcenter Hasselberger, ✆ 08322/4467

Übernachtung

Das Gebiet entlang der Iller ist touristisches Gebiet. Rund um Oberstdorf herrscht reger Sporttourismus und daher gibt es sehr viele Unterkunftsmöglichkeiten. Auch in den Städten Sonthofen, Immenstadt, Kempten, Bad Grönenbach, Memmingen und Ulm erwartet Sie eine große Anzahl an Fremdenzimmern. Rund um den Niedersonthofener See, in Martinszell, Gerats, Waltenhofen und direkt am See gibt es viele Campingplätze und natürlich auch Hotels und Pensionen.

Die Preise der Unterkünfte sind angemessen und es gibt eigentlich zu keiner Jahreszeit ein Problem, Zimmer zu finden.

Mit Kindern unterwegs

Der Iller-Radweg ist für Kinder bestens geeignet. Er verläuft zum Großteil auf dem ruhigen Dammweg, es kommt also kein Verkehr vor. Die kurzen Abschnitte, die auf Landstraßen zurückgelegt werden, sind auch nicht wirklich verkehrsreich, sondern nur mäßig befahren.

Die vorhandenen Steigungen sind relativ leicht zu bewältigen und daher ist es möglich, diesen Radweg mit Kindern ab 8 Jahren zu befahren.

Alles für die Tour

Als **Rad für die Tour** können Sie jedes funktionstüchtige Fahrrad verwenden. Besonders geeignet und besten Reisekomfort bieten natürlich Tourenrad und Trekkingbike. Ratsam ist aber auf jeden Fall – egal bei welchem Fahrradtyp – eine kleinere „Radapotheke" mitzuführen. Eine Grundausrüstung an Werkzeug und Zubehör sollte Folgendes beinhalten: Ersatzschlauch und/oder Flickzeug, Reifenhebel, Universalschraubenschlüssel, Luftpumpe, Brems- und Schaltseil, Speichen- und Schraubenzieher, Öl sowie Kettenfett, Schmiertücher und Ersatzleuchten.

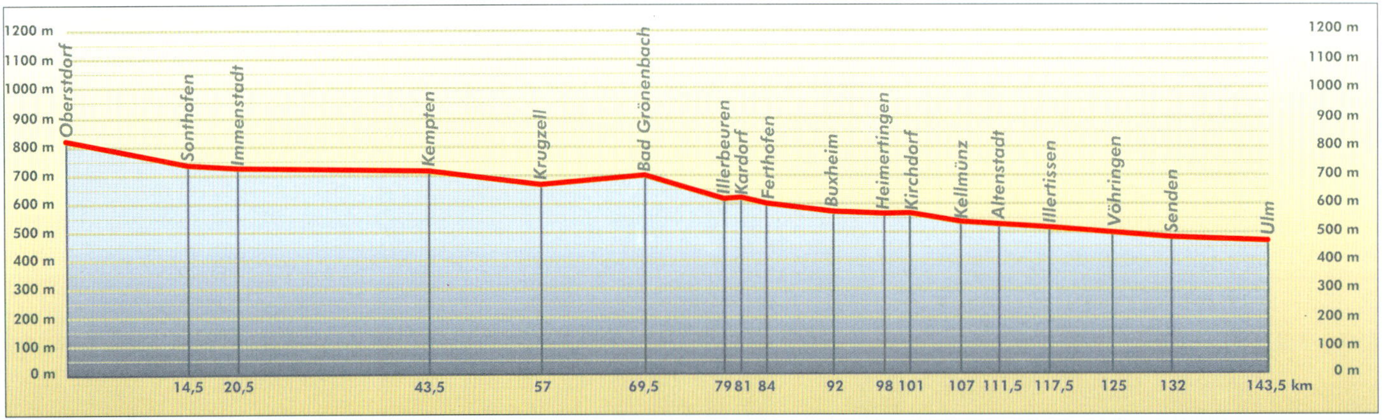

Zu diesem Buch

Dieser Radreiseführer enthält alle Informationen, die Sie für den Radurlaub entlang der Iller benötigen: exakte Karten, eine detaillierte Routenbeschreibung, ein ausführliches Übernachtungsverzeichnis und die wichtigsten Informationen und Sehenswürdigkeiten.

Und das alles mit der ***bikeline*-Garantie**: jeder Meter in unseren Büchern ist von einem unserer Redakteure vor Ort auf seine Fahrradtauglichkeit geprüft worden!

Die Karten

Einen Überblick über die geographische Lage der Iller gibt Ihnen die Übersichtskarte auf der vorderen inneren Umschlagseite. Hier sind auch die Blattschnitte der einzelnen Detailkarten eingetragen. Diese Detailkarten sind im Maßstab 1 : 50.000 (1 Zentimeter = 500 Meter) erstellt. Zusätzlich zum genauen Routenverlauf informieren die Karten auch über die Beschaffenheit des Bodenbelages (befestigt oder unbefestigt), Steigungen (stark oder schwach), Entfernungen sowie über kulturelle und touristische Einrichtungen entlang der Strecke.

Allerdings können selbst die genauesten Karten den Blick in den Routentext nicht immer ersetzen. Beachten Sie, dass die empfohlene Hauptroute immer in Rot, hingegen Varianten und Ausflüge in Orange dargestellt sind. Die genaue Bedeutung der einzelnen Symbole wird in der Legende auf Seite 4 erläutert.

Der Text

Der Textteil besteht im Wesentlichen aus der genauen Routenbeschreibung, die besonders in Siedlungsgebieten wichtig ist. Der Blick auf die Karte kann jedoch nicht ersetzt werden. Der fortlaufende Text beschreibt die empfohlene Hauptroute. Diese stichwortartigen Streckeninformationen werden, zum leichteren Auffinden, von dem Zeichen ~ begleitet.

Unterbrochen wird dieser Text gegebenenfalls durch orange hinterlegte Absätze, die Varianten und Ausflüge behandeln.

Ferner sind alle wichtigen Orte zur besseren Orientierung aus dem Text hervorgehoben. Gibt es interessante Sehenswürdigkeiten in einem Ort, so finden Sie unter dem Ortsbalken die jeweiligen Adressen, Telefonnummern und Öffnungszeiten. In Großstädten bieten wir Ihnen allerdings nur eine Auswahl der wichtigsten Sehenswürdigkeiten an.

Die Beschreibung größerer Orte sowie historisch, kulturell und naturkundlich interessanter Gegebenheiten entlang der Route tragen zu einem abgerundeten Reiseerlebnis bei. Diese Textblöcke sind kursiv gesetzt und unterscheiden sich dadurch optisch vom eigentlichen Routentext.

Zudem gibt es kurze Textabschnitte in den Farben violett oder orange, mit denen wir Sie auf bestimmte Gegebenheiten aufmerksam machen möchten:

Textabschnitte in violett heben Stellen hervor, an denen Sie Entscheidungen über Ihre weitere Fahrstrecke treffen müssen;

z. B. wenn die Streckenführung von der Wegweisung abweicht oder mehrere Varianten zur Auswahl stehen u. ä.

Textabschnitte in Orange stellen Ausflugstipps dar und weisen auf interessante Sehenswürdigkeiten oder Freizeitaktivitäten etwas abseits der Route hin.

Übernachtungsverzeichnis

Auf den letzten Seiten dieses Radtourenbuches finden Sie zu fast allen Orten an der Strecke ein Auswahl von günstig gelegenen Hotels und Pensionen. Dieses Verzeichnis enthält auch Jugendherbergen (🏠) und Campingplätze (⛺). Ab Seite 53 erfahren Sie Genaueres.

Von Oberstdorf nach Illerbeuren

79 km

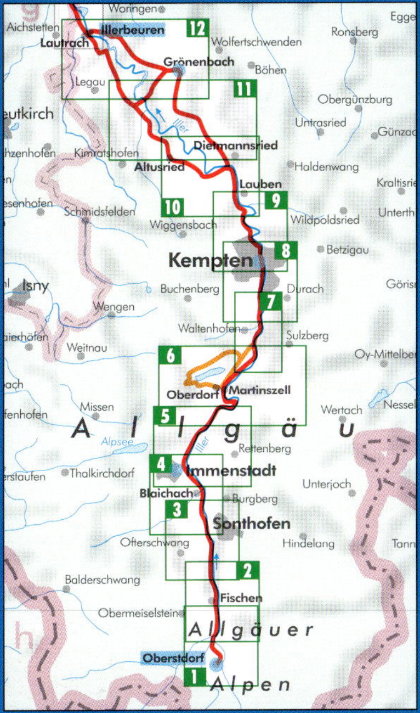

Der beliebte Wintersportort Oberstdorf ist Ausgangspunkt des Iller-Radweges, denn hier ganz in der Nähe bildet sich die Iller aus den Flüssen Trettach, Stillach und Breitach. Gemächlich und ruhig durchfließt sie als türkisblauer Fluss die sehenswerten Städte Sonthofen, Immenstadt, Kempten und Bad Grönenbach. Eine besondere Attraktion auf diesem ersten Abschnitt ist der sogenannte Illerbruch bei Kalden. Hier zieht die Iller eine Schleife, die als Naturschauspiel gilt und besonders schön anzusehen ist.

Im ersten Teil verläuft die Strecke zu 80% auf dem Illerdamm, ein unbefestigter Weg, der gut beschildert ist und direkt neben dem Fluss verläuft. Ab Krugzell teilt sich die Strecke und die Route verläuft auf Wirtschaftswegen und ruhigen Landstraßen bis nach Illerbeuren. Steigungen kommen vor Kempten, hinter Krugzell, bei Altusried und in Bad Grönenbach vor.

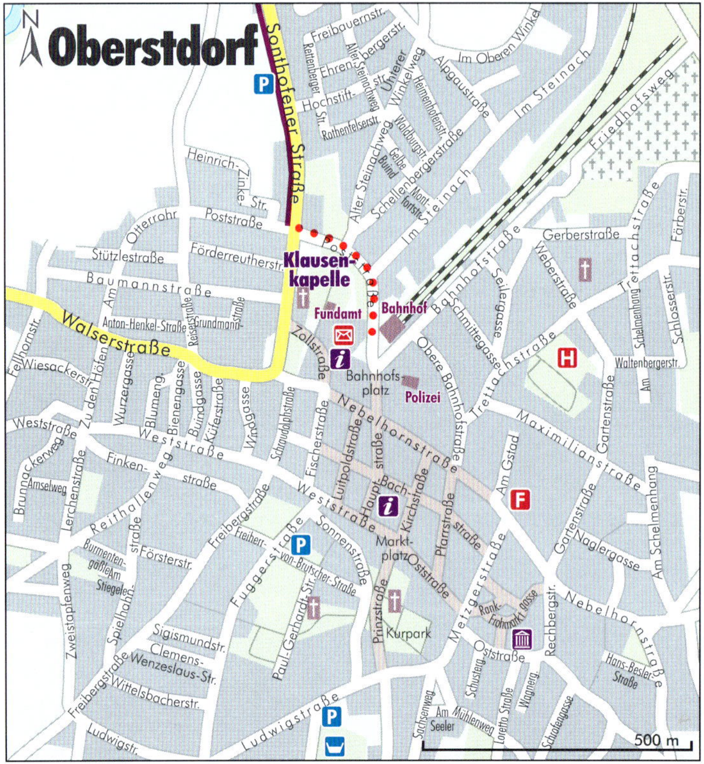

Oberstdorf

PLZ: 87561; Vorwahl: 08322

Tourist-Information und Kurverwaltung, Marktpl. 7, ✆ 7000

Tourist-Information, am Bahnhofplatz, ✆ 700217

Bergschau 2037 NN, in der Fellhorn-Gipfelstation, ✆ 96000, ÖZ: während der Betriebszeiten der Fellhornbahn.

Bergschau 813 NN, im Alten Rathaus, ÖZ: Mo-Fr 10-12.30 Uhr u. 14.30-18 Uhr, Sa, So/Fei 10-12 Uhr.

Heimatmuseum, Oststr. 13, ✆ 5470, ÖZ: Jan.-März u. Mitte Mai-Okt., Di-Sa 10-12 Uhr und 14-17.30 Uhr, So/Fei (nur bei Regenwetter) Sonderöffnungszeiten wie werktags. Das Museum zeigt Ausstellungsstücke zu verschiedenen Bereichen wie Weberei, Seilerei oder die Entwicklung des Alpinismus. Eine Besonderheit ist der größte Schuh der Welt mit der Schuhgrösse 480.

Schnapsmuseum, Schraudolphstr. 8, ✆ 959322

Villa Jauss im Fuggerpark, Fuggerstraße, wechselnde Ausstellungen

St.-Loretto-Kapellen, Lorettostraße, ✆ 977550

Evang. Christuskirche, Frh.-v.-Brutscher-Straße, ✆ 1015

Kath. Pfarrkirche St. Johannes Baptist, Marktplatz, ✆ 977550

Neuapostolische Kirche, Trettachstr. 25, ✆ 5865

Kapelle St. Anna, Ortsteil Tiefenbach, Spätrenaissance

Fellhornbahn, Faistenoy 10, ✆ 96000 od. ✆ 0700/55533

Nebelhornbahn, Nebelhornstr. 67, ✆ 96000, ✆ 96000

Söllereckbahn, Kornau-Wanne, ✆ 98756

Heini-Klopfer-Skiflugschanze. Mit Hilfe einer Sesselliftverbindung kann die Schanze ganzjährig besichtigt werden. Die Schanze wurde bereits bei mehreren Weltmeisterschaften verwendet.

Kristall Kur- und Freizeitbad, Promenade 3, ✆ 986010. In dem Bad mit Thermalsole-Therme befindet sich ein Wellenbad sowie ein Natursolebecken.

Der **Freibergsee** lädt zum Schwimmen und

Iller-Ursprung

Oberstdorf ist nicht nur als **Heilklimatischer Kurort** und **Kneippkurort** bekannt, sondern auch für seinen „Wilde-Mändle-Tanz". Es handelt sich dabei um einen Kulttanz, der schon seit Jahrhunderten existiert. In vielen Sagen kann man über die „Wilden Mändle" und deren Tanz mehr erfahren. Abt Columban hat den Tanz 615 nach Christus erstmals beschrieben. Siebzehn Tanzszenen werden aufgeführt. Die Kleidung der dreizehn Tänzer besteht aus Tannenbart, der nur auf alten Tannen wächst. Der Tanz war früher weit verbreitet. Heute ist Oberstdorf die einzige Stadt, die den Tanz noch aufführt.

Ruberboot fahren ein.

- **Breitachklamm**, bei Tiefenbach, ✆ 4887, ÖZ: im Sommer Mo-So 8-17 Uhr, im Winter 9-16 Uhr.
- **Bungeejumping**, Skiflugschanze, ✆ 0172/ 8308636
- **Canyoning**, ✆ 95154
- **Drachenfliegen**
- **Gleitschirm-Tandemflug**, ✆ 8139
- **Wildwasserschule**, Kirchstr. 6, ✆ 98262
- **Kutschfahrten**, ✆ 4846 oder ✆ 96210
- **Oberstdorfer Musiksommer**

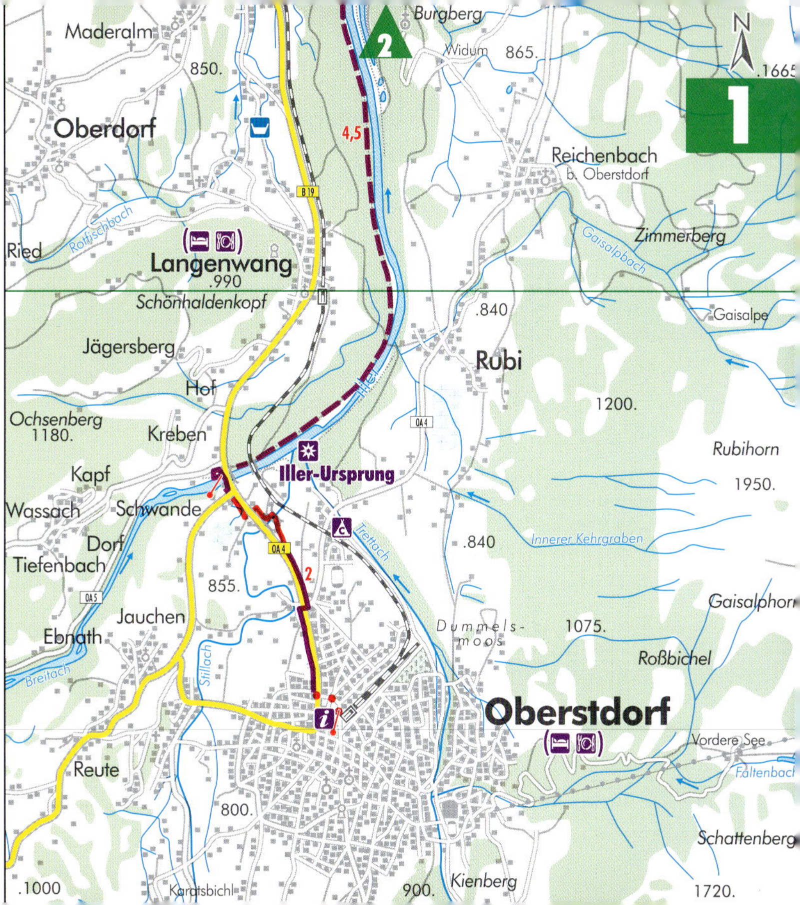

Von Oberstdorf nach Immenstadt 20,5 km

Sie starten diese Tour am Bahnhof in Oberstdorf ~ gleich wenn Sie ankommen empfängt Sie der berühmte Wintersportort mit seinem angenehmen, leichten Flair und Sie werden sofort angesteckt von der guten Stimmung und dem Treiben, das hier herrscht ~ bestärkt natürlich durch die gesunde Gebirgsluft ~ von den Gleisen wenden Sie sich nach rechts und sehen auch sofort das Gebäude der Tourist-Information ~ an der Poststraße wenden Sie sich nochmals nach rechts und am Bussteig B befindet sich unter dem Einfahrt verboten-Schild das erste Radschild des Iller-Radwanderweges ~ nun radeln Sie auf der **Poststraße** ~ zur Linken an den Parkplätzen vorbei ~ nach dem Linksbogen gelangen Sie an die Vorfahrtsstraße ~ hier rechts ~ auf der linken Straßenseite gibt es einen Radweg ~ auf dem Radweg fahren Sie durch den Kreisverkehr ~ danach wechselt der Radweg auf die rechte Straßenseite ~ der Radweg führt in einem leichten Rechtsbogen von der Straße weg ~ über eine kleine Brücke über die

Fischen im Allgäu

Stillach ~ links neben der Stillach nach vor zur Straße und weiter rechts unterhalb der Straße ~ im Linksbogen unter der Straße hindurch ~ wieder links neben der Straße weiter bis zum Kreisverkehr ~ links unterhalb des Kreisverkehrs geht es unter der Straßenbrücke hindurch ~ danach gelangen Sie an die Straße ~ auf der Brücke geht es über die Breitach ~ Sie können den Gehsteig auf der linken Seite benützen ~ nach der Brücke folgen Sie dem Schild im Linksbogen unter der Brücke hindurch ~ nun befinden Sie sich direkt neben dem Fluss und radeln am gekiesten Uferweg dahin ~ auf diesem dürfen nur land- und forstwirtschaftliche Fahrzeuge verkehren und Fahrzeuge zur Gewässernutzung ~ auf dem Radweg geht es unter der Eisenbahnbrücke hindurch ~ nach kurzer Zeit gelangen Sie zum Iller-Ursprung.

Iller Ursprung

Hier fließen die drei Flüsse Breitach, Stillach und Iller zusammen und bilden die Iller. Diese Stelle ist sehr beeindruckend, denn die Wassermassen vereinigen sich hier zu einem gemächlich fließenden Gewässer. Hier entsteht die Iller und sie mündet in Ulm in die Donau, dort ist das Ende ihres 165 Kilometer langen Flusslaufes.

Der Radweg verläuft flach und angenehm ruhig am Flussufer durch den Auwald ~ zur Rechten haben Sie einen wunderbaren Ausblick auf die Alpen ~ auf das Rubihorn und das Gaisalphorn ~ Sie passieren eine Brücke, die den Fluss überquert ~ immer weiter auf dem Uferweg ~ links weg geht es nach Langenwang ~ dort gibt es Gastronomie, falls Sie schon eine Stärkung brauchen ~ ansonsten führt die Route links neben dem

Iller-Radweg

Fluss weiter ~ die nächste Ortschaft in der Nähe der Strecke ist Fischen im Allgäu ~ hierher können Sie einen Abstecher machen.

Fischen im Allgäu

PLZ: 87538; Vorwahl: 08326

Kurverwaltung Fischen, Am Anger 15, ✆ 36460

Erlebnis- und Familienbad. Eine 58 m lange Wasserrutsche, ein Strömungskanal und ein Massagepilz stehen den Besuchern zur Verfügung.

Hörnerbahn, ✆ 9091

Sie gelangen an die Illerbrücke ~ hier weiter rechts Richtung Au ~ gleich nach der Brücke rechts wieder zum Fluss hinunter ~ in einem Bogen fahren Sie unter der Brücke hindurch ~ Sie befinden sich nun auf dem rechten Flussufer ~ der Weg ist nicht asphaltiert, dafür aber eben und ruhig ~ nach kurzer Fahrt unterqueren Sie die Bahn und radeln nun genüsslich auf dem idyllischen Weg weiter ~ Sie passieren die Altstädter Mühle und weiter geradeaus ~ hier treffen Sie auch auf eine Fußgängerbrücke ~ diese führt ans andere Ufer nach Tiefenberg, auf die Sonnenalp und zum Allgäuer Berghof.

So nun geht es direkt auf Sonthofen zu ~ Sie fahren in einiger Entfernung an den Bade- und Sportanlagen vorbei ~

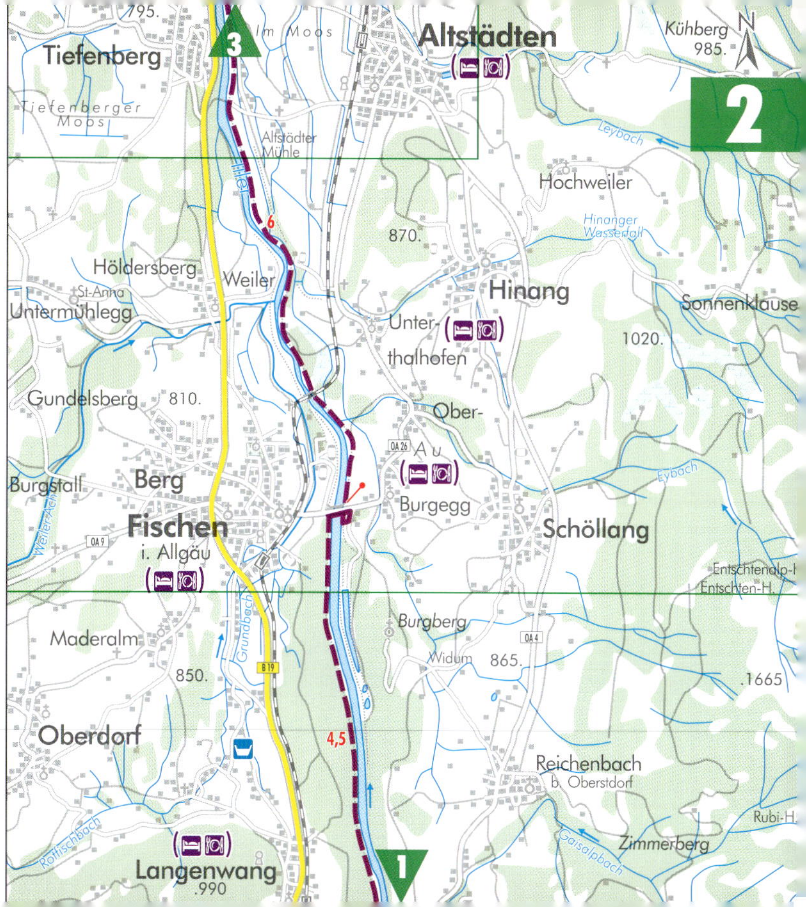

rechts oben sehen Sie die Burg Sonthofen, eine Kaserne ist darin untergebracht ~ der Radweg verläuft weiterhin rechts neben dem Fluss ~ Sie unterqueren die beiden Straßenbrücken ~ weiter geht's auf dem ruhigen Weg ~ hier sind Sie vom Verkehr und von der Stadt abgeschirmt ~ an der Illerbrücke haben Sie die Möglichkeit, rechts in Zentrum Sonthofens zu fahren und dieses zu besichtigen.

Sonthofen

PLZ: 87527; Vorwahl: 08321

- **Gästeamt**, Rathauspl. 1, ✆ 615291
- **Heimathaus**, Sonnenstr. 1, ✆ 3300, ÖZ: Jän.-Okt. und Dez., Di-Do, Sa/So 15-18 Uhr. Trachten, Flachsverarbeitung und Alpsennerei gehören zu den dargestellten Themen in dem Museum.
- **Historische Sammlung der Gebirgstruppe**, Grüntenkaserne, Salzweg 24, ✆ 723570248, ÖZ: So 10-12 Uhr. Dokumentiert wird die Geschichte der Gebirgsjäger. Das Museum ist in Deutschland einzigartig.
- **Mini-mobil Modellausstellung**, Oberstdorfer Str. 10, ✆ 87717, ÖZ: Jän-Feb, Mitte März-Mitte Dez., Mi-Sa 15-18 Uhr, So/Fei 11-18 Uhr. Über 8.000 Modelle informieren über die Entwicklung der See-, Luft- und Raumfahrt sowie die Entwicklung der Auto- und Eisenbahngeschichte.

Sonthofen

- **Mo-Lok Modelleisenbahn**, ✆ 22180. Auf einer Gesamtfläche von 400 m² werden drei computergesteuerte Modelleisenbahn-Schauanlagen gezeigt.
- **Pfarrkirche St. Michael**. Von besonderer Bedeutung ist das Altarblatt des Hochaltares von Waldemar Kolmsperger.
- **Täufer Johannis-Kirche**, 1911-1912
- **Pfarrkirche St. Peter und Paul.** Zu den Besonderheiten der Kirche zählen die „Vierzehn-Nothelfer-Reliefs" im Pfarrhof sowie Werke von Jörg Lederer und Anton Sturm.
- In der **Frauenkapelle** befindet sich ein wertvolles Schnitzrelief von Jörg Lederer.
- **Starzlachklamm**, ÖZ: Mai-Okt., Mo-So
- **Wassertretanlage im Bachtl**. Die Kneipp-Anlage verfügt über Fuß- und Armbäder.
- **Hinanger Wasserfälle**
- **Alamannische Ursiedlung**, Kalvarienberg
- **Freizeit- und Gesundheitsbad Wonnemar**, ✆ 780970, ÖZ: Mai-Sept., Mo-So 10-21 Uhr, Okt.-April, Mo-So 10-22 Uhr. Wellnessoase, Saunawelt und ein Strömungskanal gehören zu den Angeboten des Erlebnisbades.
- **Ökologischer Kurpark**, Kalvarienberg. Auf dem ehemaligen Wiesenstück befinden sich heute seltene Blumen und Bäume sowie ein Feuchtbiotop. Der Park wurde bereits mehrmals prämiert.
- **Baggerseen**

Sonthofen wurde erstmals im 9. Jahrhundert im Zuge einer Schenkung von 3 „Jauchert" Acker an das Kloster St. Gallen erwähnt. 1429 wird der Ort zum Markt ernannt. Ab diesem Zeitpunkt durften Jahr- und Wochenmärkte abgehalten werden. Außerdem bekam Sonthofen das Recht zur Ausübung des Blutbannes, was der heutigen Gerichtsbarkeit entspricht. Im Jahr 1525 versammelten sich tausende aufständische Bauern und gaben damit den Auftakt zum Bauernkrieg. Zwischen dem 15.

Allgäuer Landschaft

und 19. Jahrhundert wurde in Sonthofen Erz verarbeitet. Aus diesem Grund kann man noch heute am Stadtwappen zwei gekreuzte Nagelschmiedehämmer erkennen.

Die Route verläuft weiterhin am Flussufer ~ an der Brücke, die nach Rieden führt, fahren Sie auf die Brücke hinauf ~ nun wird die Iller überquert ~ gleich nach der Brücke biegen Sie rechts ein und radeln weiter auf dem nichtasphaltierten Weg, der an den Sportplätzen entlangführt ~ zur Linken haben Sie einen guten Ausblick auf die Kirche von Rieden ~ bald radeln Sie unter der Eisenbahnbrücke hindurch ~ Sie kommen zu einer Gabelung und nehmen den rechten breiten Weg, der direkt am Fluss verläuft ~ im Linksbogen führt der Weg nun von der Iller weg ~ über eine Stahlbrücke ~ nun in der Rechtskurve weiter ~ der Weg gabelt sich wiederum in einen Fußund einen Radweg ~ Sie bleiben rechts direkt neben dem Fluss ~ schließlich gelangen Sie nach Blaichach ~ auch hier verläuft die Route am Flussufer ~ Sie unterqueren die Sraßenbrücke der Straße Richtung Bugberg.

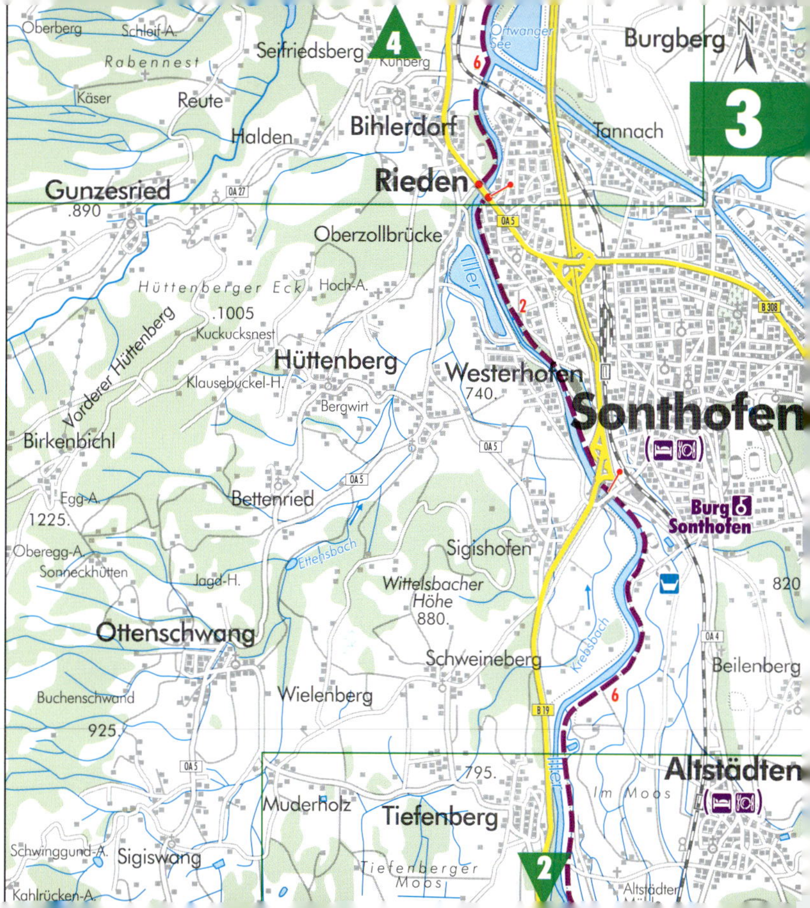

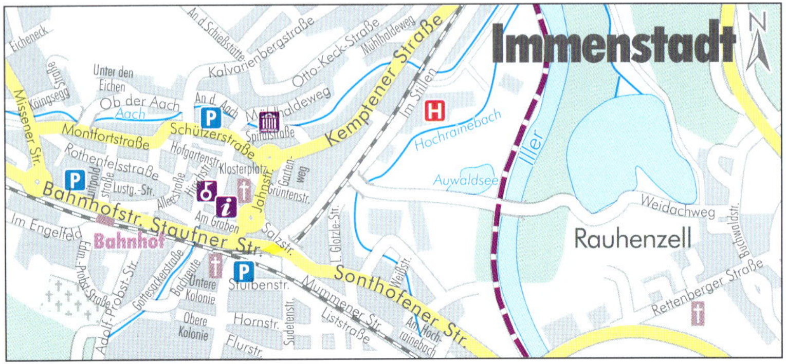

Blaichach

PLZ: 87544; Vorwahl: 08321

- **Gästeamt**, Immenstädter Str. 7, ✆ 800836
- **Pfarrkirche St. Martin**
- **Burgruine Ettensberg**
- **Mahl- und Sägemühle**

1827 gründete der Schweizer Johan Althaus eine Käserei in Blaichach. Dort wurde erstmals außerhalb der Schweiz **Emmentaler Käse** *erzeugt. Damit nahm die Entwicklung der bekannten Käsesorten aus dem Allgäu ihren Lauf. Inzwischen zählt der Allgäu zu einem der beliebtesten Käseerzeugergebiete in Deutschland.*

Hinter Blaichach führt die Strecke weiterhin am Fluss entlang.

Tipp: Zur Zeit der Erhebung wurde hier zwischen dem Radweg und der Bahnlinie ein neuer Weg angelegt. Es ist anzunehmen, dass hier ein neuer Radweg gebaut wird.

Auf dem Weg neben dem Fluss gelangen Sie an die Brücke bei Immenstadt ~ hier führt der Weg zur Straße hinauf ~ die Straße wird überquert und auf der anderen Seite geht es am linken Flussufer auf Kies weiter.

Tipp: Auch hier wurde zur Zeit der Erhebung gebaut. Der Weg war frisch gekiest und verläuft etwas weiter links als der alte Uferweg.

Immenstadt – Kirche

Immenstadt

PLZ: 87509; Vorwahl: 08323

- **Gäste-Information**, Marienpl. 3, ✆ 914176
- **Schaukäserei** , Sennerei Diepolz
- **Hofmühle**, An der Aach 14, ÖZ: Mi-So 14-17 Uhr.
- **Mittagschwebebahn**, ✆ 6149, ÖZ: ganzjährig
- **Doppelsesselbahn**, ✆ 252, ÖZ: ganzjährig
- **Sternwarte Oberallgäu e. V.**, ✆ Knottenried, ✆ 4706
- **Bootfahren und Windsurfing**, Großer Alpsee
- **Alpenrundflüge**, Segelflugplatz Agathazell, ✆ 08321/ 81828
- **Naturlehrpfad**

Freibad Kleiner Alpsee, ✆ 8720, ÖZ: Juni-Aug. 9-19 Uhr.

Die Ortsbezeichnung Immenstadt stammt ursprünglich von dem Wort „Ymendorff". Der Ort wurde bereits im Jahr 1360 durch Wilhelm Graf zu Moftfort-Tettnang zur Stadt erhoben. 1960 wurde das sechshundertjährige Bestehen der Stadt groß gefeiert. Für Immenstadt ist internationale Zusammenarbeit und das Kennenlernen von verschiedenen Kulturen von großer Bedeutung. Aus diesem Grund hat Immenstadt Städtepartnerschaften mit Lillebonne (Frankreich) und Wellington (Großbritannien) begründet.

Von Immenstadt nach Kempten 23 km

Der Radweg verläuft weiterhin links am Fluss entlang ~ Sie unterqueren eine Brücke, die die B 19 mit der B 308 verbindet ~ auf dieser Höhe entfernt sich der Radweg von der Bahnlinie und verläuft direkt neben dem Fluss - neu angelegt ~ Sie folgen einfach dem Verlauf des Dammweges ~ so kommen Sie an der Ortschaft **Flecken** vorbei ~ der Wegverlauf passt sich dem Flusslauf an und macht alle Windungen mit ~ Sie fahren an dem riesigen Bosch-Werk vorbei und danach an einem Kieswerk ~ ab diesem Kieswerk in Seifen ist der Weg asphaltiert ~ auf dem Illerdamm passieren Sie das Asphaltwerk Seifen ~ bei Than gelangen Sie an eine Weggabelung und halten sich links ~ es geht leicht bergauf ~ an der Vorfahrtsstraße rechts weiter auf dem straßenbegleitenden Radweg ~ dieser führt nun neben der B 19 leicht bergauf ~ an der nächsten Kreuzung biegen Sie rechts ein Richtung Sondert ~ der Radweg endet und Sie fahren auf

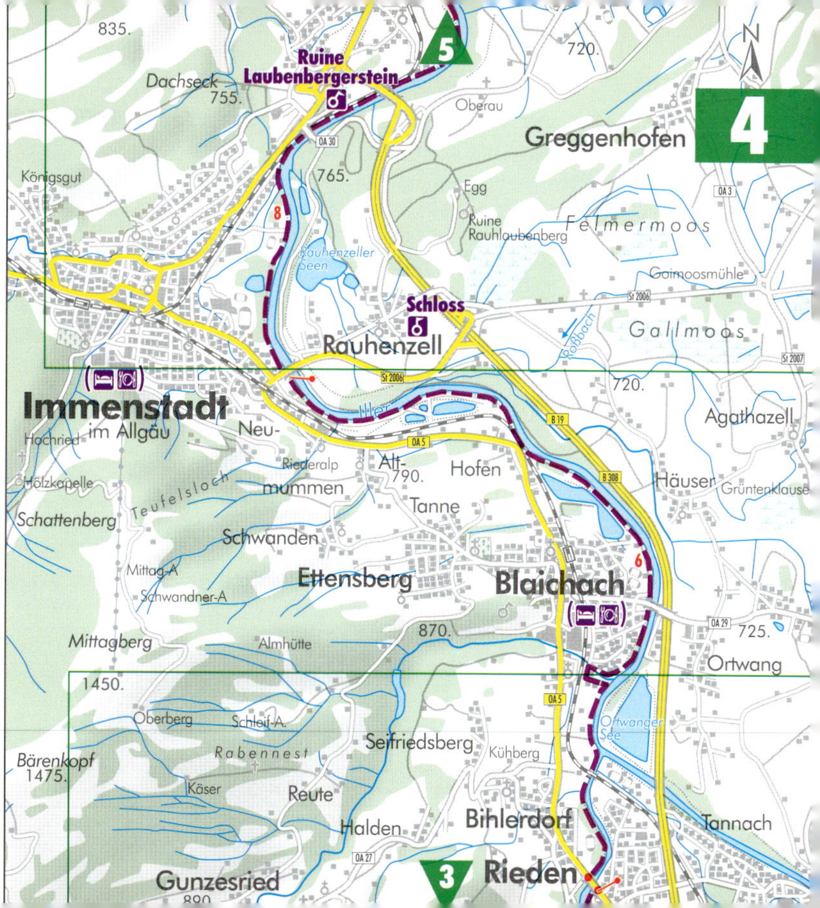

der Straße weiter ~ bergab geht es in den Ort.

Sondert

Sie durchfahren die Ortschaft und radeln weiter Richtung Martinszell ~ bei der Gabelung links ~ unter den Stromleitungen hindurch und schon befinden Sie sich in Martinszell ~ Sie folgen einfach dem Straßenverlauf und gelangen an die Vorfahrtsstraße.

Tipp: Hier führt der Ausflug zum Niedersonthofener See nach links und die Route führt nach rechts weiter. Der Niedersonthofener See ist ein beliebtes Ausflugsziel und Freizeitparadies. Es gibt viele Bademöglichkeiten, Campingplätze und Wassersportanlagen.

Martinszell

Runde um den Niedersonthofener See 10,5 km

An der Vorfahrtsstraße in Martinszell halten Sie sich links und gelangen so mitten in den Ort hinein ~ Sie befinden sich auf der **Illerstraße** und es geht bergauf ~ an der Kirche vorbei ~ hinter der Kirche biegen Sie rechts ein in den

Eggener Weg ~ Sie folgen nun einfach dem Straßenverlauf aus dem Ort hinaus ~ halten Sie sich rechts Richtung Rauns ~ auf Ihrem Weg passieren Sie die kleine Siedlung **Buch** ~ danach kommen Sie kurzzeitig in den Wald und dann am Waldrand entlang ~ zur Rechten haben Sie Ausblick auf einen kleinen See ~ schließlich gelangen Sie an eine Kreuzung mit drei Möglichkeiten ~ halten Sie sich links bergauf ~ Sie fahren nun bei dem offenen Tor hinein und über das Werksgelände der Bauschuttsortieranlage ~ vor der Bundesstraße erwartet Sie eine Linkskurve ~ an der Bundesstraße halten Sie sich rechts ~ diese ist sehr stark befahren ~ schon nach zirka 200 Metern biegen Sie in **Herzmanns** links zwischen den Häusern ein ~ ein Weg mit einer Gewichtsbeschränkung von 7 Tonnen und es geht vorbei an der Firma Weber ~ nun geht es bergab und unter der Bahn hindurch ~ weiter im Rechtsbogen ~ um den ersten See herum ~ es folgt eine Linkskurve und es geht leicht bergauf ~ an der Vorfahrtsstraße halten Sie sich links ~ schließlich gelangen Sie nach Gerats.

Gerats

Hier können Sie immer wieder links zum See hinfahren ~ die Route führt weiterhin auf der Straße entlang ~ wenn Sie Ihren Blick nach links wenden, haben Sie einen schönen Ausblick auf ein paar kleine Seen ~ insgesamt sind es 4 ~ Sie kommen nach Memhölz.

Memhölz

Hier gibt es einen Campingplatz auf der Insel direkt im See ~ Sie halten sich auf der Straße Richtung Niedersonthofen ~ die nächste Ortschaft ist Zellen ~ hier gibt es auf der linken Straßenseite einen Rad- und Fußweg.

Zellen

Wenn Sie nun einen Blick nach links werfen, sehen Sie den Niedersonthofener See ~ es geht flott dahin, denn der Weg führt bergab ~ am Ortsende endet auch der Radweg ~ auch hier können Sie immer wieder links zum See hinfahren ~ Sie halten sich nun Richtung Immenstadt ~ die Strecke führt am Strandbad und am Campingplatz vorbei ~ danach entfernt sich die Route vom See und führt in den Wald hinein ~ es geht bergauf und an der Kreuzung links Richtung Oberdorf ~ die Straße ist vekehrsärmer und durch den Wald gelangen Sie nach Oberdorf auf der Bergstraße.

Oberdorf

Zu Beginn der Ortschaft geht es leicht bergab ~ nach der Rechtskurve geht's noch immer bergab ~ in einer Rechtskurve wird die Bahn überquert ~ danach geht es leicht bergauf ~ bei der Ampelkreuzung an der Vorfahrtsstraße links ~ nach zirka 100 Metern biegen Sie rechts ein Richtung Martinszell ~ auf der **Illerstraße** geht es bergab und schließlich befinden Sie sich in Martinszell.

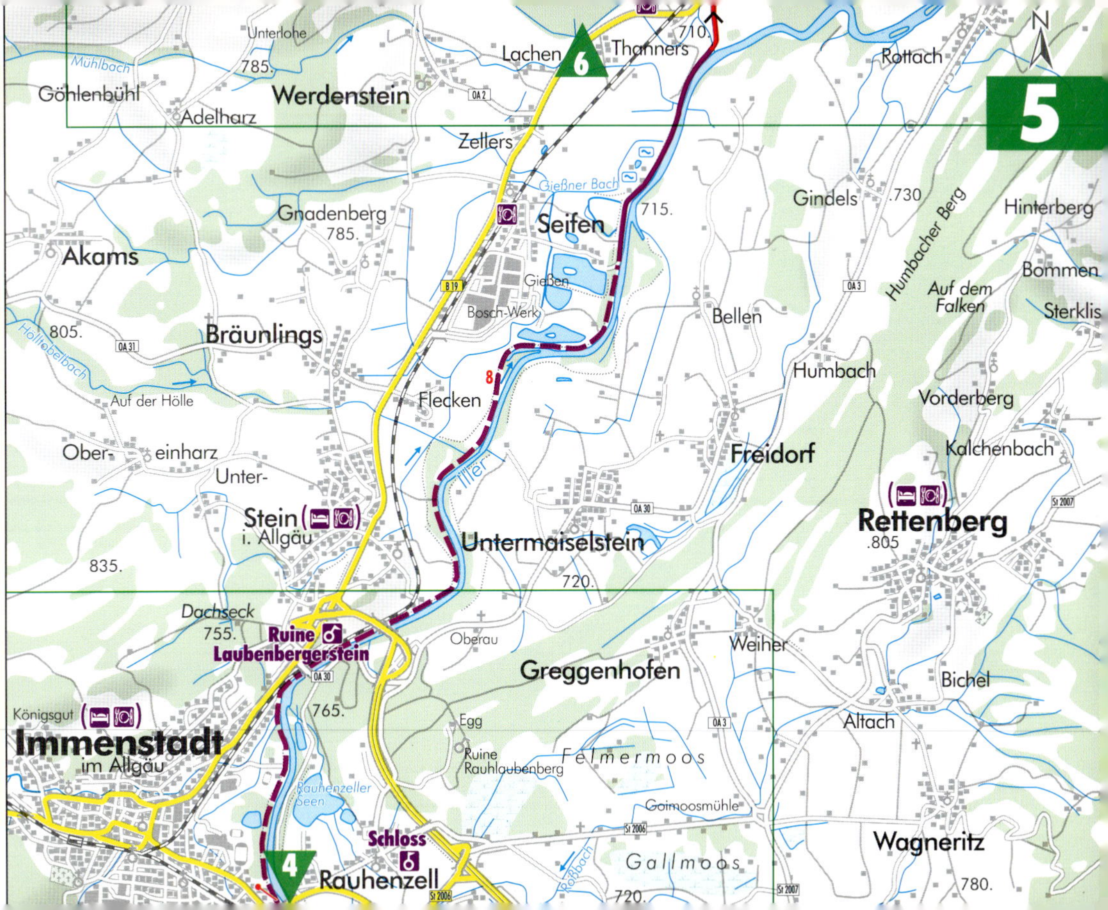

Martinszell

Auf dem Iller-Radweg halten Sie sich an der Vorfahrtsstraße in Martinszell rechts ⁓ wenn Sie allerdings vom Ausflug zurückkommen, dann geradeaus weiter ⁓ auf der linken Straßenseite gibt es einen Radweg ⁓ vor der Illerbrücke führt die Route rechts hinunter und unter der Brücke hindurch ⁓ Sie radeln nun am linken Flussufer weiter ⁓ der Weg führt recht idyllisch an all den Wiesen und Viehweiden und natürlich an der Iller entlang ⁓ es gibt immer wieder Sitzbänke, um eine kleine Pause einzulegen ⁓ auf dem gekiesten und schattigen Weg geht es an einem Betriebsgelände entlang ⁓ am Ende des Geländes erstrecken sich zur Linken wieder Viehweiden ⁓ vor Rauns geht es kurvig dahin ⁓ über eine Holzbrücke und so entfernen Sie sich etwas vom Flussufer ⁓ an der Gabelung halten Sie sich links ⁓ nochmals über eine Brücke und schließlich kommen Sie aus dem Wald heraus.

An der Kreuzung in Rauns halten Sie sich geradeaus weiter am linken Ufer ⁓ auf der Höhe von Fischen treffen Sie wieder mal auf ein Schild ⁓ der Weg verläuft weiterhin direkt

Martinszell

neben dem Fluss ⁓ Sie kommen in den Wald hinein ⁓ der Weg schlängelt sich hier durch ⁓ durch das Gebüsch sehen Sie dann schon die Autobahnbrücke der A 980 ⁓ Sie gelangen an eine Holzbrücke und überqueren daraufhin einen Bach ⁓ nun führt der Weg an einem Werk vorbei ⁓ der Weg ist gekiest und nähert sich immer mehr der Brücke ⁓ kurz vorher geht es bergauf und an den Viehweiden vorbei ⁓ an der Gabelung links hinunter ⁓ Sie befinden sich wieder direkt neben der Iller ⁓ der Weg ist stark gekiest ⁓ auf Pflaster geht es unter der Autobahnbrücke hindurch ⁓ in der Folge passieren Sie das Umspannwerk über eine kleine Holzbrücke ⁓ danach fahren Sie unter einer sehr niedrigen Metallbrücke hindurch, die das linke Ufer mit dem E-Werk am rechten Ufer verbindet ⁓ die Brücke ist mit 1,9 m höhenbegrenzt ⁓ es folgt eine schöne Staustufe des Flusses ⁓ der Weg ist grob gekiest ⁓ es geht auf einem anderen Weg bergauf ⁓ dieser ist erdig und führt an einer kleinen Hütte vorbei ⁓ schließlich gelangen Sie auf ein Fabriksgelände ⁓ Sie halten sich hier rechts ⁓ an der Gabelung rechts auf den schmalen Pfad ⁓ bis an die blaue Brücke ⁓ links über das Gelände ⁓ Sie lassen die Gebäude rechts liegen und bewegen sich auf der asphaltierten Straße hinaus ⁓ vorbei an der großen gelben Villa ⁓ an der Kreuzung rechts auf der **Georg-Haindl-Straße** ⁓ Sie folgen dem Straßenverlauf bis an die Vorfahrtsstraße ⁓ wieder rechts und hier gibt es auf der rechten Straßenseite einen Rad- und Fußweg ⁓ Sie befinden sich hier in Hegge.

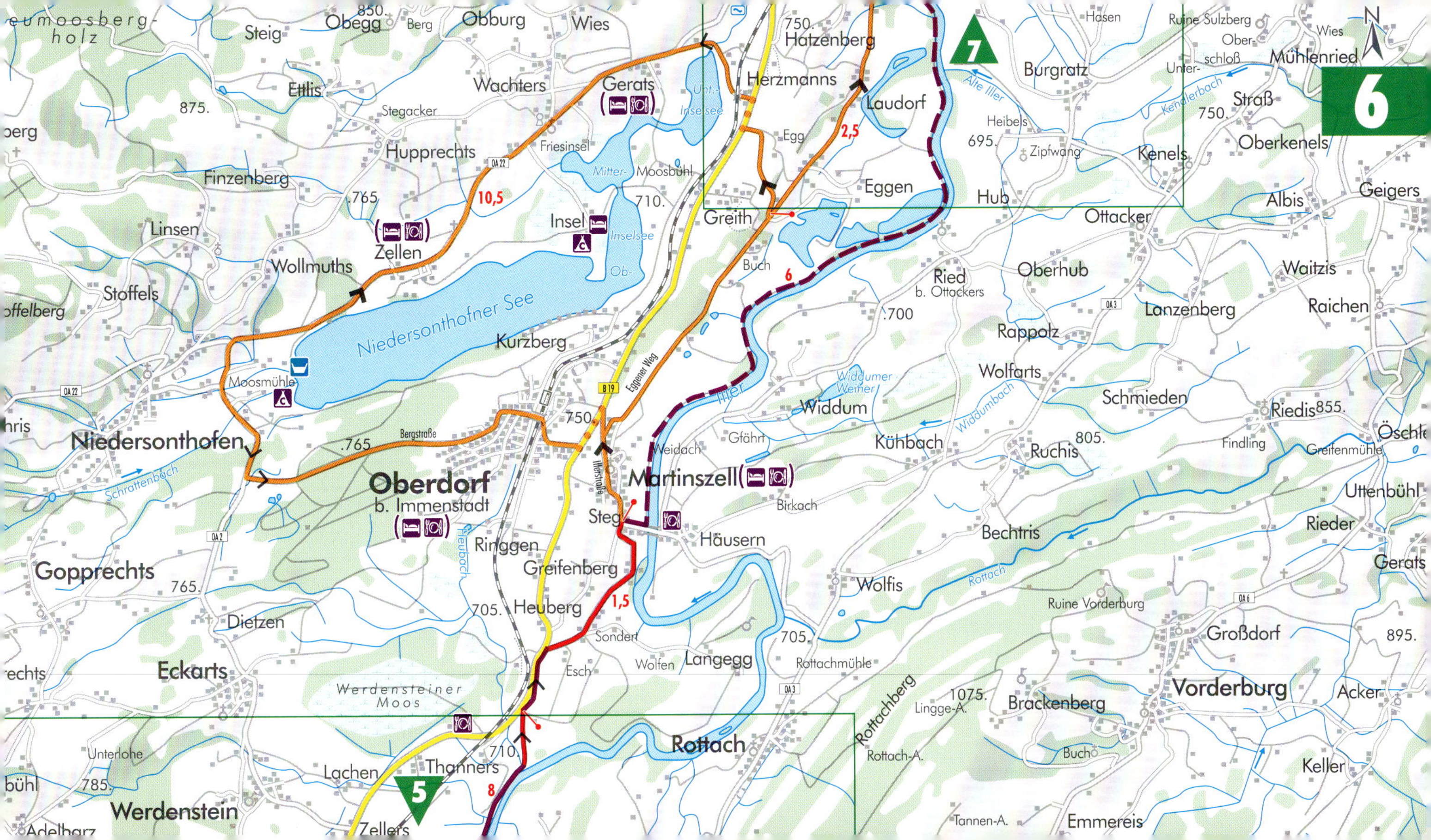
6
7
5
N
Niedersonthofner See
Niedersonthofen
Oberdorf
b. Immenstadt
Martinszell
Rottach
Vorderburg
Gopprechts
Eckarts
Werdenstein
Thanners
Zellers
Lachen
Unterlohe
Adelharz
Werdensteiner Moos
Dietzen
Ringgen
Greifenberg
Heuberg
Sondert
Esch
Wolfen
Langegg
Steg
Häusern
Birkach
Weidach
Gfährt
Widdum
Widdumer Weiher
Widdumbach
Kühbach
Wolfis
Rottachmühle
Rottachberg
Lingge-A.
Rottach-A.
Tannen-A.
Brackenberg
Emmereis
Buch
Keller
Acker
Großdorf
Ruine Vorderburg
Bechtris
Rieder
Gerats
Uttenbühl
Greifenmühle
Findling
Ruchis
Riedis
Öschle
Schmieden
Wolfarts
Rappolz
Lanzenberg
Raichen
Waitzis
Oberhub
Ried
b. Ottackers
Ottacker
Albis
Geigers
Oberkenels
Kenels
Straß
Kendlerbach
Mühlenried
Wies
Ober-
schloß
Unter-
Ruine Sulzberg
Hasen
Burgratz
Heibels
Zipfwang
Alte Iller
Hub
Eggen
Egg
Laudorf
Hatzenberg
Herzmanns
Greith
Buch
Iller
Eggener Weg
Illerstraße
B 19
Kurzberg
Bergstraße
Moosmühle
Schrattenbach
Heubach
Stoffels
Wollmuths
Linsen
Finzenberg
Hupprechts
Stegacker
Ettlis
Steig
Obegg
Berg
Obburg
Wies
Wachters
Gerats
Friesinsel
Unt.-
Inselsee
Mitter-
Moosbühl
Insel
Inselsee
Ob-
Zellen
eumoosberg-
holz
OA 22
OA 2
OA 3
OA 6
10,5
2,5
6
1,5
8
850.
875.
765
750.
710.
695.
700
805.
855.
895.
765.
705.
1075.
785.

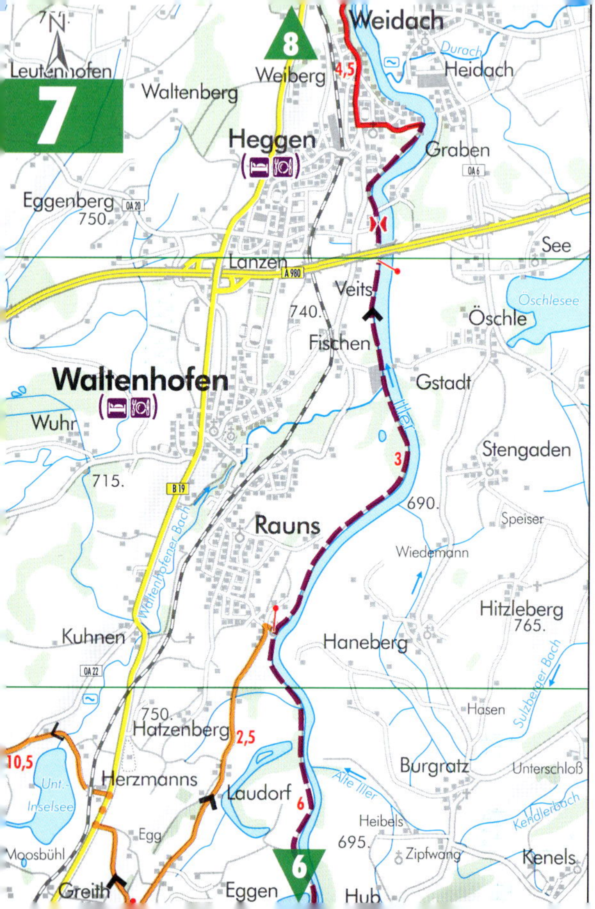

Hegge

Der Radweg endet am Ortsende ~ nun weiter auf der Straße Richtung Kempten ~ kurz darauf beginnt zur Linken ein Rad- und Fußweg ~ Sie kommen nach Kempten und es gibt zu beiden Seiten einen Rad- und Fußweg ~ Sie befinden sich auf der **Heggener Straße** ~ Sie passieren den Friedhof und nach dem Waldstück biegen sie in die erste rechts ein ~ es handelt sich um einen Rad- und Fußweg und dieser führt zum Iller-ufer ~ auf dem Weg **Unten an der Iller** geht es nun weiter ~ der Weg ist gekiest und verläuft am linken Ufer durch den Auwald ~ schließlich unterqueren Sie die Eisenbahnbrücke und sofort darauf die Straßenbrücke des Schumacherringes ~ es folgt noch die König-Ludwigbrücke und schließlich mündet der Weg in die **Keselstraße** ~ auf dieser geht es nun geradeaus weiter ~ rechts neben der Straße, der breite Gehsteig lädt Sie zur Benützung ein.

An der nächsten Kreuzung folgen Sie dem Radschild nach rechts in die Gasse **Am Alten Holzplatz** ~ es folgt eine Linkskurve und hinter dem Spielplatz biegen Sie rechts ein ~ das ist

Kempten – Altstadt

die **Seuterstraße** ~ es geht direkt am Illerufer entlang ~ schließlich beschreibt die Straße einen Linksbogen und Ihr Weg führt geradeaus weiter ~ ein reiner Rad- und Fußweg durch den Altstadtpark ~ der Radweg endet an der **Brennergasse** ~ diese fahren Sie nach vor an den neugebauten Häusern entlang ~ schließlich gelangen Sie an die St.-Mang-Brücke ~ hier nun geradeaus weiter auf der **Illerstraße** ~ zu Beginn radeln Sie auf der Straße und ab dem Rechtsknick gibt es zur Linken einen Radstreifen ~ sobald Sie rechts die Brücke über die Iller sehen, befinden Sie sich dirket auf der Höhe des Stadtzentrums und haben hier die Möglichkeit links über den Parkplatz und die **Kronenstraße** ins Zentrum zu gelangen – zur Besichtigung.

Kempten

PLZ: 87435; Vorwahl: 0831

Regio Tourismus e. V., Rathauspl. 24, ✆ 19433

Allgäu Museum im Kornhaus, Großer Kornhauspl. 1, ✆ 5402120, ÖZ: Di-So 10-16 Uhr. In dem Museum wird das Stadt- sowie das Landleben im Allgäu vorgestellt. Besonders sehenswert sind die Turm- und Bilderuhren und ein inszeniertes Maleratelier.

Alpinmuseum und Alpenländische Galerie im Marstall, Landwehrstr. 4, ✆ 540180, ÖZ: Di-So 10-16 Uhr. Dokumentiert wird die Geschichte des Berges von der Urzeit bis in die Gegenwart. Die Galerie zeigt unter anderem mittelalterliche Bildwerke, Flügelaltäre und Tafelbilder.

Römisches Museum und Naturkundemuseum, Residenzpl. 31, ✆ 12367, ÖZ: Di-So 10-16 Uhr. Die Museen befinden sich im klassizistischen Zumsteinhaus, das im 19. Jh. erbaut wurde.

Archäologischer Park Cambodunum (APC), Cambodunumweg 3, ✆ 574250, ÖZ: März-April, Nov.-Dez., Di-So 10-16.30 Uhr, Mai-Okt., Di-So 10-17 Uhr. In der ehemaligen Römersiedlung aus dem 2. Jahrzehnt n. Chr. erfährt man Interessantes über die Lebensweise der Römer.

Allgäuer Burgenmuseum, ✆ 5742523, ÖZ: So 10-12 Uhr u. jeden ersten So im Monat 10-12 Uhr und 14-16 Uhr.

St.-Lorenz-Basilika. Eine Besonerheit der Kirche aus dem 17. Jh. ist das Chorgestühl, das aus seltenen Scagliolaplatten angefertigt wurde.

St.-Mang-Kirche. St.-Mang-Platz. Die gotische Kirche wurde 1426 errichtet.

Burghalde. Das ehemalige Kastell ist eines der ältesten Gebäude der Stadt.

Alpenrundflüge, Flugplatz Kempten/Durach, ✆ 65929

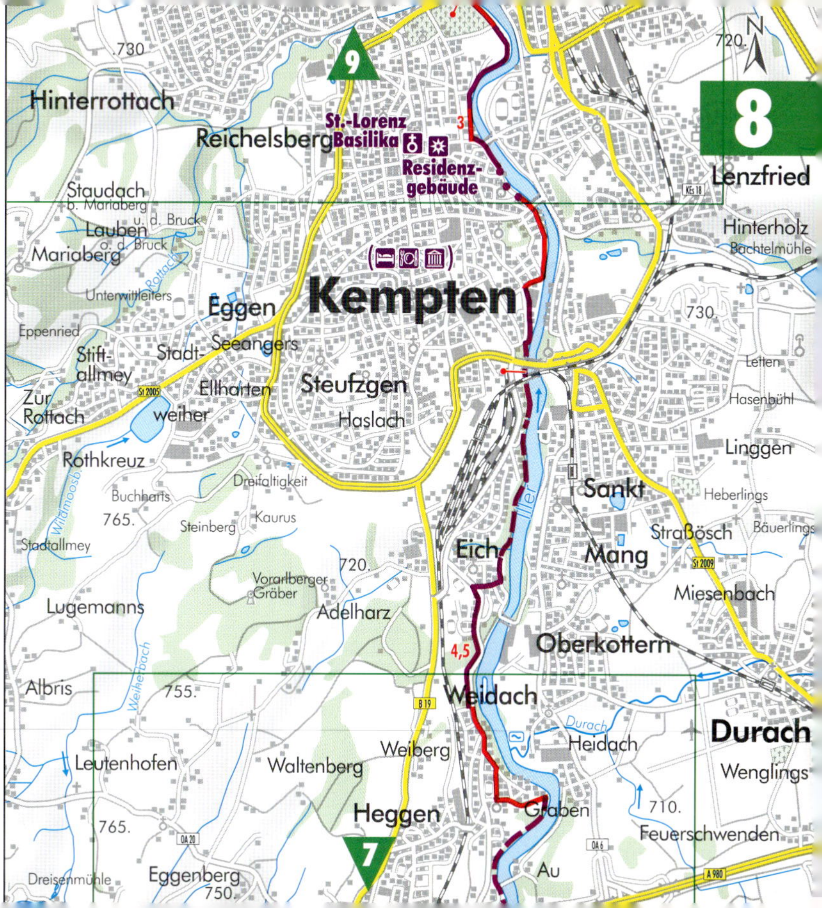

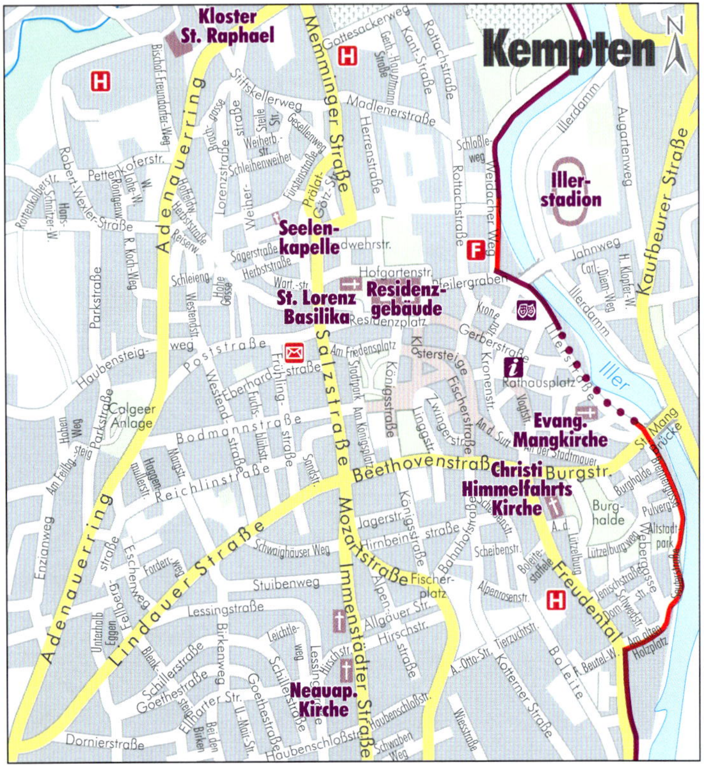

■ **Schönegger Bergkäserei**, Sellthürn, ✆ 08372/2864

■ **Bergkäserei Wertach**, ✆ 08365/1333

■ **Sternwarte**, Auf dem Drumlin, Saarlandstr. 1, ✆ 5659522

■ **Rathausplatz**. Auf dem Platz befinden sich verschiedene sehenswerte Häuser sowie der Rathausbrunnen.

■ In der **Residenz** können die Rokoko Prunkräume besichtigt werden. Dazu gehören der Thronsaal, das Schlafzimmer, das Audienzzimmer und die Hofkanzlei.

■ Die 1780 erbaute **Orangerie** dient heute als Stadtbibliothek.

■ **Freibad**, Am Göhlenbach 25, ✆ 581210, ÖZ: Mitte Mai-Mitte Sept.

■ **Hallenbad**, Stadtbadstr. 5-7, ✆ 581210

Kempten ist eine Stadt, die durch einige historische Besonderheiten auf sich aufmerksam macht. So kann die Stadt das ***älteste, schriftliche Zeugnis*** *von Deutschland vorweisen. Es wurde vom griechischen Geograph Strabon ausgestellt. Im 13. Jahrhundert wird Kempten von Rudolf von Habsburg zur Reichsstadt ernannt. Zur selben Zeit kommt es zur Teilung der Stadt. Danach besteht Kempten über sechshundert Jahre aus einer freien Reichsstadt, die vom Bürgertum unterstützt wird und einer Stiftsstadt, die dem Fürstabt unterstellt ist. Erst 1818 wird die Stadt durch den bayrischen König wieder vereint. Einzigartig an der Stadt Kempten ist die Inbetriebnahme des* ***ersten Dieselmotors*** *der Welt im Jahre 1898. In der Zündholzfabrik Kempten wurde der Motor eingesetzt.*

Durch die Eingliederung der Gemeinden St. Mang und St. Lorenz im Jahr 1972 steigt die Einwohnerzahl der Stadt an. Heute leben in Kempten über 62.000 Menschen.

Von Kempten nach Krugzell — 13,5 km

An der Illerbrücke auf dem Pfeilergraben wechselt die Route auf die rechte Straßenseite ~ hier gibt es einen asphaltierten Radweg ~ kurz nach der Brücke biegen Sie rechts ein in den **Weidacher Weg** ~ folgen Sie nun dem Straßenverlauf bis zum Linksknick ~ hier führt der Radweg geradeaus weiter ins Grüne und direkt an der Iller entlang ~ der Weg ist asphaltiert und führt bald am Städtischen Friedhof vorbei ~ schließlich gelangen Sie zum Krematorium ~ weiter auf dem **Weidacher Weg** und danach unter der Straßenbrücke des Adenauerringes hindurch ~ in der Linkskurve der Straße fahren Sie auf dem unbefestigten Weg geradeaus weiter ~ nun befinden Sie sich wieder auf dem Uferweg links neben der Iller ~ er schmiegt sich an den Fluss und beschreibt dessen Windungen ~ Sie kommen an der alten steinernen Brücke von Härtnagel vorbei ~ Sie passieren Viehweiden und weite Wiesen ~ es geht an Feldern entlang und durch kurze Waldstücke ~ schließlich fahren Sie unter der Laubener Brücke hindurch auf dem unbefestigten Radweg ~ dieser führt vor Krugzell vom Fluss weg und nähert sich dem Ort ~ der Weg ist nun asphaltiert und führt an dem kleinen Spielplatz vorbei ~ danach rechts über den Parkplatz und vor bis an die Vorfahrtsstraße.

Krugzell

Von Krugzell nach Illerbeuren — 22 / 21,5 km

An der Vorfahrtsstraße halten Sie sich rechts ~ es folgt eine Überquerung und danach links neben der Straße weiter auf einem

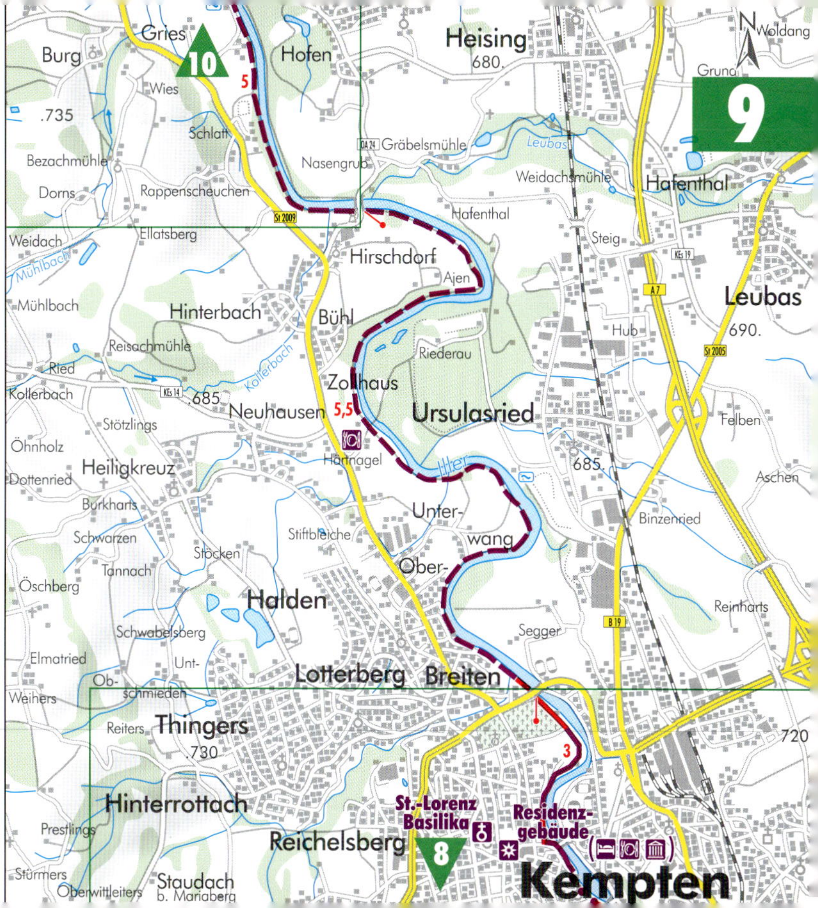

Radweg ~ noch vor der Brücke gelangen Sie an eine Kreuzung.

Tipp: Hier können Sie sich entscheiden, ob Sie auf dem linken oder auf dem rechten Ufer fahren wollen. Beide Wege sind ziemlich gleich lang und auch von der Steigung her nicht sehr unterschiedlich. Auf dem rechten Ufer kommen Sie nach Reichholzried und nach Bad Grönenbach. Das Schloss hier ist sicher einen Besuch wert. Am linken Ufer wiederum besuchen Sie Altusried und vor allem haben Sie die Möglichkeit, das einmalige Naturschauspiel des Illerbruches zu bewundern. Dieser Anblick ist mit der berühmten Saarschleife bei Mettlach zu vergleichen. Die beiden Wege vereinen sich wieder in Lautrach. Sie müssen sich nun entscheiden - entweder das Schloss im Kurort, oder der Illerbruch...

Der Weg auf dem rechten Ufer 22 km

Sie fahren auf dem Weg links neben der Straße über die Illerbrücke ~ der Radweg zur Linken wird fortgesetzt ~ an der Kreuzung biegen Sie links ein Richtung Reichholzried ~

Iller in Kempten

der Radweg endet aber leider bald und Sie müssen auf der Straße weiterfahren ~ so kommen Sie nach Schwarzenbach.

Schwarzenbach

Auf der mäßig befahrenen Straße radeln Sie Richtung Reichholzried ~ schon von Weitem sehen Sie den wunderschönen Zwiebelturm der Kirche von Reichholzried ~ im Ort biegen Sie links ein in die Schmiedstraße Richtung Kiesels und Haldenmühle.

Reichholzried

PLZ: 87463; Vorwahl: 08374

Gemeinde Dietmannsried

Pfarrkirche St. Georg und Florian

An der Kreuzung beim Wegkreuz rechts ~ es geht leicht bergauf ~ Sie verlassen den Ort und weiter gehts in Richtung Bad Grönenbach ~ Sie kommen an zwei Höfen vorbei und beim zweiten Hof biegen Sie rechts ein Richtung Wanners ~ der Weg verläuft eben und ist asphaltiert ~ Sie pasieren den Hof Wanners und folgen weiterhin dem Straßenverlauf ~ direkt vor Ihnen befindet sich ein kleiner See ~ der Weg beschreibt eine Linkskurve ~ in Sachsenried folgen Sie dem Straßenverlauf.

Sachsenried

In der Linkskurve führt der Weg Richtung Sommersberg ~ es geht nun stetig leicht bergauf bis Sommersberg.

Sommersberg

Im Ort bleiben Sie auf der Durchfahrtsstraße ~ es geht stark bergauf und im scharfen Linksbogen gelangen Sie an eine Kreuzung ~ hier treffen Sie seit langer Zeit wieder einmal auf ein Radschild des Iller-Radweges ~ Sie folgen dem Schild nach rechts ~ nun folgt eine flotte Fahrt, denn es geht bergab ~ der nächste Ort ist Herbisried.

Herbisried

An der Vorfahrtsstraße links Richtung Bad Grönenbach ~ Sie verlassen Herbisried und es sind noch drei Kilometer bis Bad Grönenbach ~ die Straße führt in den Grönenbacher Wald hinein ~ dieser begleitet Sie bis nach Bad Grönenbach ~ bergab fahren Sie in den Kurort ein.

Bad Grönenbach

PLZ: 87730; Vorwahl: 08334

- **Kurverwaltung**, Marktplatz 5, ✆ 60531
- **Hohes Schloss**
- **Stiftskirche** St. Philippus und Jakobus
- **Evangelische-reformierte Kirche**. Die älteste ev.-ref. Kirchengemeinde Deutschlands.
- **Kneipp-Gedenktafel**: Haus, in dem Sebastian Kneipp lebte.
- **Zweirad Lämmle**, Ittelsburgerstr. 11, ✆ 7217

Bad Grönenbach kann auf eine langjährige Geschichte zurückblicken. Begonnen hat alles mit den Franken, die sich im 7. und 8. Jahrhundert an der Hangkante angesiedelt haben. Vor 900 Jahren wurde

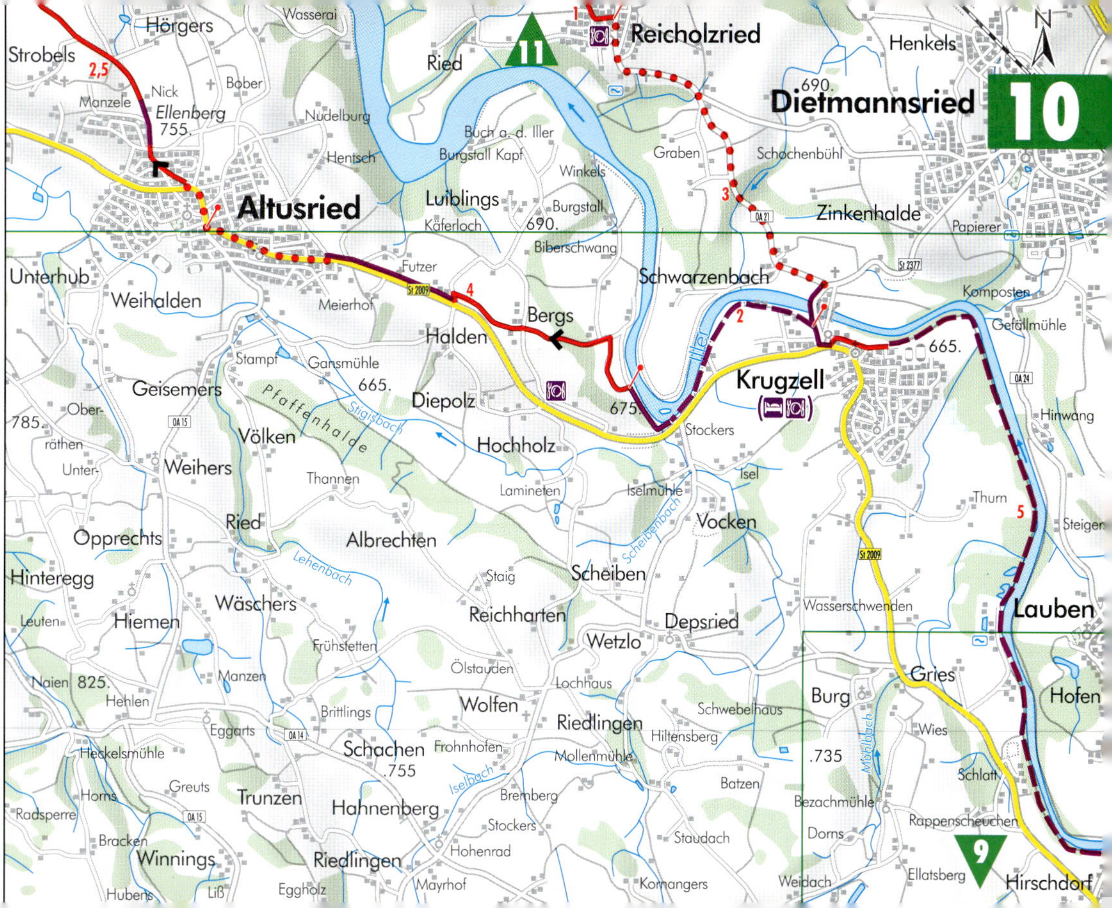

die Siedlung „am grünen Bach" – Grönenbach – erstmals in einer Urkunde für das Kloster Ochsenhausen erwähnt. Das Hohe Schloss hatte über das Dorf geherrscht, und war sehr eng mit der Entwicklung des Ortes verbunden. Das Schloss ist seit Dezember 1996 im Besitz der Gemeinde. Ein ganz bedeutendes Datum ist für Bad Grönenbach jedoch das Jahr 1842, als ein junger Webergeselle - Sebastian Kneipp - nach Grönenbach kam, und beim Kaplan Matthias Merkle seine Lateinkenntnisse erlernte. Seit dieser Zeit schwören die Grönenbacher auf das Wasser und seine Heilkraft. 1954 erhielt der Markt die Anerkennung als Kneippkurort und 1996 dann die Verleihung des Prädikates Kneippheilbad.

Auf der Herbisrieder Straße gelangen Sie an eine Kreuzung → ein Radschild weist nach links → es geht erstmal bergauf → an der Gabelung biegen Sie rechts ein Richtung Legau → werfen Sie einen Blick nach rechts hinten → von hier haben Sie einen wunderbaren Blick auf den Schlossberg mit dem mächtigen Schloss obendrauf → auf der Straße geht es weiter Richtung Rothenstein → Sie haben nun ein Steilstück vor sich und nach dieser Tortur gelangen Sie an eine Kreuzung und biegen hier rechts ein → ein gekiester Waldweg erwartet Sie in Richtung **Rothmoos** → in Rothmoos rechts auf die

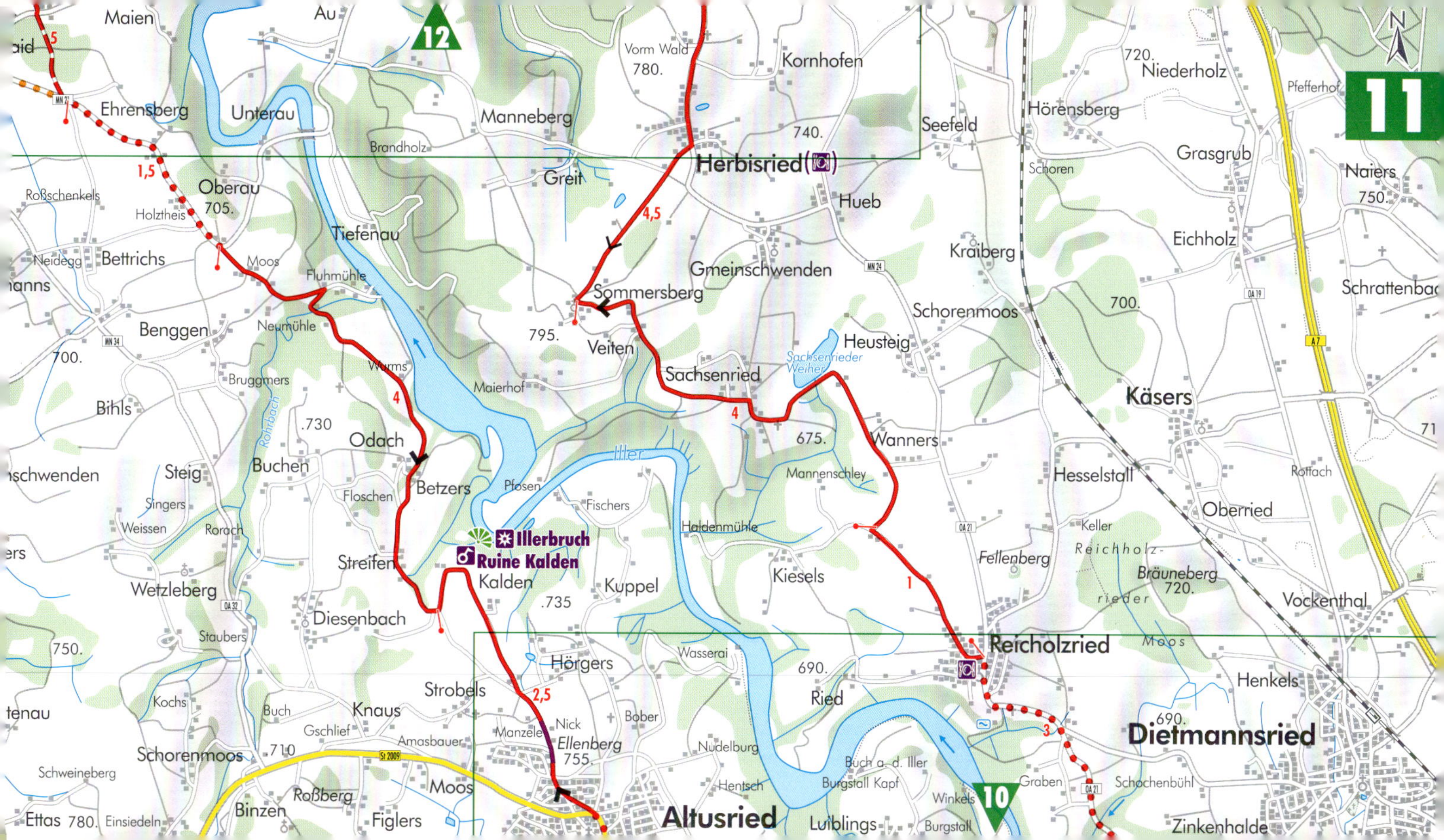

11
12
10
Maien
Au
Ehrensberg
Unterau
Manneberg
Vorm Wald
780.
Kornhofen
740.
Herbisried
Seefeld
Hörensberg
720.
Niederholz
Pfefferhof
Grasgrub
Schoren
Naiers
750.
Brandholz
Greit
Oberau
705.
Roßschenkels
Holztheis
Hueb
Tiefenau
Kraiberg
Eichholz
Neidegg
Bettrichs
Moos
Fluhmühle
Gmeinschwenden
Sommersberg
Schorenmoos
700.
Schrattenbac
Benggen
Neumühle
795.
Veiten
Heusteig
Sachsenrieder Weiher
700.
Bruggmers
Wurms
Maierhof
Sachsenried
Käsers
Bihls
.730
675.
Wanners
Odach
Iller
Rohrbach
Steig
Buchen
Mannenschley
Hesselstall
Rottach
Betzers
Pfosen
Singers
Floschen
Fischers
Oberried
Weissen
Rorach
Haldenmühle
Keller
Illerbruch
Ruine Kalden
Reichholz-
rieder
Moos
Streifen
Fellenberg
Bräuneberg
720.
Kalden
Kuppel
Kiesels
Wetzleberg
.735
Vockenthal
Diesenbach
Staubers
750.
Reicholzried
Hörgers
Wasserai
690.
Strobels
Ried
Henkels
Kochs
Buch
Knaus
Bober
Nick
690.
Dietmannsried
Gschlief
Manzele
Ellenberg
755.
Nudelburg
Amasbauer
Schorenmoos
710
Buch a. d. Iller
Graben
Schochenbühl
Schweineberg
Roßberg
Moos
Hentsch
Burgstall Kapf
Winkels
Binzen
Altusried
Ettas
780.
Einsiedeln
Figlers
Luiblings
Burgstall
Zinkenhalde
1
1,5
2,5
3
4
4
4,5
5
MN 21
MN 34
MN 24
OA 19
OA 21
OA 32
St 2009
A 7
N

asphaltierte Straße ~ an den nächsten beiden Weggabelungen halten Sie sich links ~ nach **Unterbinnwang** biegen Sie links ab nach **Wagsberg**.

Tipp: Wenn Sie geradeaus fahren kommen Sie den Berg hinauf nach **Kronburg**. Im Ort führt ein kleines Sträßchen rechts hinauf zum Schloss, von dem Sie eine **grandiose Aussicht** haben. Zurück können Sie direkt weiter nach Illerbeuren fahren, in dem Sie nach der Brauereigaststätte links abbiegen und es gemütlich bergab nach Illerbeuren rollen lassen.

Kronburg

PLZ: 87758; Vorwahl: 08394

Schloss, Burgstr. 1, ✆ 271 od. 9210, ÖZ: tägl., Mai-Okt. nach Absprache.

Nach Wagsberg biegen Sie links auf die Straße nach Illerbeuren ein ~ Sie kommen auf der **Kronburger Straße** nach Illerbeuren hinein und biegen in der Ortsmitte rechts ab in die **Museumsstraße**.

Illerbeuren

PLZ: 87758; Vorwahl: 08394

Gemeindeamt, Museumstr. 1, ✆ 206

Hohes Schloss in Bad Grönenbach

Illerfähre Wagsberg, ✆ 665, in Betrieb von April-Okt.

Schwäbisches Bauernhofmuseum mit **Schützenmuseum**, Museumstr. 8, ✆ 1455 od. 926010, ÖZ: März, 16. Okt.-Nov., Di-So 10-16 Uhr, April-15. Okt., Di-So 9-18 Uhr, geschlossen Karfreitag und vom 1. Dez.-28. Feb. Spezialmuseum zur Geschichte des Schützenwesens.

Der Weg auf dem linken Ufer 21,5 km

Hinter Krugzell biegen Sie von dem straßenbegleitenden Radweg links ab und zwar noch vor der Illerbrücke ~ Sie fahren also Richtung Illerdamm und Biberschwang auf dem Weg **Flosslände** ~ der Weg führt zur Iller und ist unbefestigt ~ der Radweg verläuft zuerst neben dem Fluss und nähert sich mit der Iller an die Straße 2009 an ~ ein kurzes Wegstück ist asphaltiert ~ asphaltiert folgt er der Flussschleife ~ kurz darauf führt der Weg im Linksbogen vom Fluss davon Richtung Bergs ~ an der T-Kreuzung links ~ es geht nun stark bergauf durch den Wald und ebenso kurvenreich ~ Sie haben eine 18%ige Steigung zu bewältigen ~ oben angekommen geradeaus auf die Häuser zu ~ an der Kreuzung in Bergs geradeaus.

Bergs

Sie fahren zwischen den beiden Höfen hindurch und es geht weiterhin bergauf ~ auf der Kuppe dann bergab bis an die Straße ~ der Weg verläuft nun parallel zur Straße ~ bei dem Buswartehäuschen führt der Weg nach links an die Vorfahrtsstraße ~ hier rechts und

Illerbruch

weiter auf dem straßenbegleitenden Radweg ~ Sie nähern sich Altusried ~ auf dem Radweg durchfahren Sie einen Kreisverkehr ~ danach radeln Sie auf dem Radweg neben der Kemptener Straße weiter ~ von dieser Straße können Sie immer wieder links abbiegen Richtung Freizeitpark und Freibad.

Altusried

Sie folgen der Kemptener Straße im Rechtsbogen an der Kirche vorbei ~ in der Linskurve der **Kemptener Straße** biegen Sie rechts ab und gleich wieder links in die **Kaldener Straße** ~ es geht Richtung Wertstoffhof ~ hier geht es bergauf ~ am Ortsende beginnt auf der linken Seite ein Rad- und Fußweg ~ an der Gabelung mit den drei Wegen nehmen Sie den mittleren Weg, also rechts am Wegkreuz vorbei ~ in Richtung Ferienhof Bernhard ~ von dem Weg haben Sie eine wunderschöne Aussicht auf die umliegenden Berge ~ in der argen Linkskurve kommen Sie an einem Parkplatz vorbei ~ hier ist der Illerbruch.

Tipp: Sie können hier Ihr Rad abstellen und dann haben Sie 5 Gehminuten bis zum Illerbruch. Bevor Sie zu dem Naturereignis gelangen, kommen Sie noch an der Burgruine Kalden vorbei und danach gehen Sie auf dem Plateau bis ganz nach vor zu dem Holzgeländer und hier haben Sie eine wunderbare Aussicht auf diese Schleife, die die Iller zieht.

Auf der Route geht es an dem Reitstall vorbei ~ an der Kreuzung rechts weiter ~ es geht flach dahin und an einigen Höfen vorbei ~ an der Gabelung rechts Richtung Legau ~ der Weg ist breitenbeschränkt mit 2 Metern ~ nun geht es bergab ~ am Waldrand rollen Sie flott entlang ~ in Wurms halten Sie sich vor dem Hof links.

Wurms

Sie passieren einen Hof ~ es geht wieder bergab und danach kommen Sie im Links-Rechtsbogen an der Neumühle vorbei ~ danach steigt der Weg wieder kräftig an ~ in einem Rechtsbogen gelangen Sie an die Vorfahrtsstraße ~ hier links und auf der Straße kommen Sie an Grub vorbei und landen schließlich in Moos.

Moos

Die Route führt Richtung Legau und die Straße wird hier breiter und wirkt stärker befahren ~ nach dem Weiler **Ehrensberg** biegen Sie rechts in eine geschotterte Straße ab.

Variante über Legau nach Illerbeuren 9 km

Sie bleiben auf der breiten asphaltierten Straße nach Legau ~ in Legau biegen Sie am Kindergarten rechts in die **Haldergasse** ein ~ an der T-Kreuzung links.

Legau

PLZ: 87764; Vorwahl: 08330

Gemeindeamt, Postfach 8, ✆ 94010

Wallfahrtskirche Lehenbühl

Sie biegen nach rechts auf die Vorfahrtstraße und die nächste Straße gleich wieder links ab von der Vorfahrtstraße in Richtung Oberwitzenberg ~ nach 200 Metern rechts in den **Witzenberger Weg** ~ in **Oberwitzenberg** biegen Sie rechts ab ~ Sie fahren an einem Wildgehege vorbei und durch den Weiler **Wigelis** ~ rechts auf die Vorfahrtstraße ~ Sie kommen auf der **Dilpersrieder Straße** nach Lautrach hinein.

Lautrach

Die **Dilpersrieder Straße** geht über in die **Einsteinstraße**, die einen starken Rechtsknick macht und am Schloss von Lautrach vorbeiführt ~ danach biegen Sie nach links auf die **St 2009** ab ~ nach 300 Metern biegen Sie rechts ab nach Illerbeuren und überqueren die Iller ~ geradeaus nach Illerbeuren hinein ~ nach 200 Metern links in die **Schmiedbergstraße**, die gleich darauf einen Linksbogen macht ~ links in die **Museumsstraße**.

Illerbeuren

Auf der geschotterten Straße fahren Sie leicht bergauf durch den Wald ~ am Waldausgang fahren Sie an der Kreuung geradeaus auf das Asphaltsträßchen nach **Kaltbronn** und weiter nach Maria Steinbach.

Maria Steinbach

PLZ: 87764; Vorwahl: 08394

Wallfahrtsmuseum in der Wallfahrtskirche, ✆ 9240, ÖZ: nach Vereinbarung.

Wallfahrtskirche

Sie biegen nach rechts auf die Dorfstraße ein ~ auf der Dorfstraße fahren Sie rechts um die Kirche herum und aus Maria Steinbach hinaus ~ nach der kurzen, steilen Abfahrt fahren Sie vor der St 2009 rechts durch die Umlaufschranke in den gekiesten Radweg, er auf dem alten Bahndamm verläuft ~ Sie überqueren die Iller, fahren durch doie Umlaufschranke vom Bahndamm herunter und nach links auf die Straße **„Im Gießen"** ~ rechts auf die Vorfahrtsstraße ~ nach 100 Metern links in die Schmiedbergstraße, die gleich darauf einen Linksbogen macht ~ links in die **Museumsstraße**.

Illerbeuren

PLZ: 87758; Vorwahl: 08394

Gemeindeamt, Museumstr. 1, ✆ 206

Illerfähre Wagsberg, ✆ 665, in Betrieb von April-Okt.

Schwäbisches Bauernhofmuseum mit Schützenmuseum, Museumstr. 8, ✆ 1455 od. 926010, ÖZ: März, 16. Okt.-Nov., Di-So 10-16 Uhr, April-15. Okt., Di-So 9-18 Uhr, geschlossen Karfreitag und vom 1. Dez.-28. Feb. Spezialmuseum zur Geschichte des Schützenwesens.

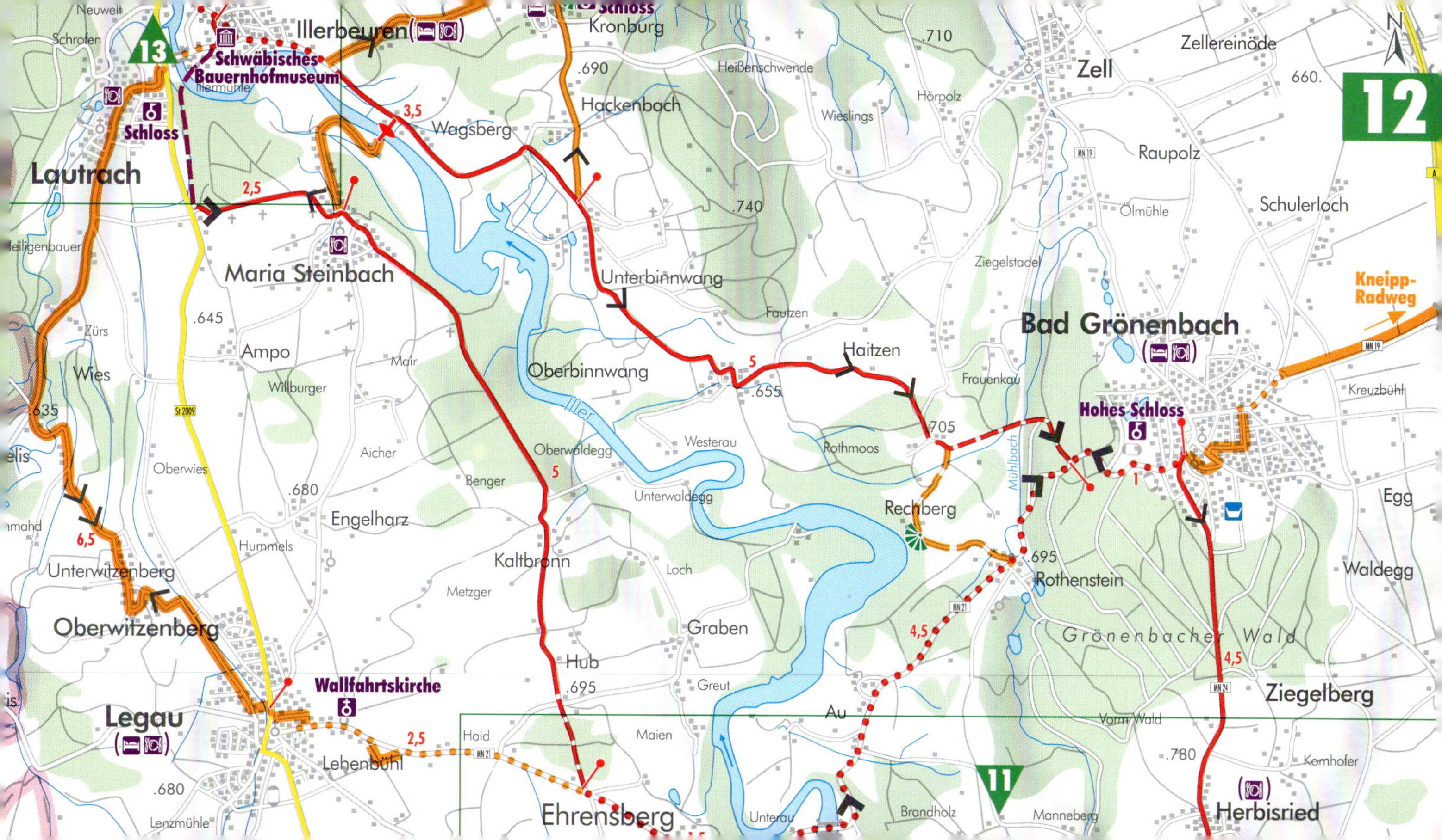

13
Schwäbisches Bauernhofmuseum
Illerbeuren
Schloss
Kronburg
Lautrach
Schloss
Illermühle
Wagsberg
Hackenbach
Heißenschwende
Zell
Zellereinöde
12
Raupolz
Schulerloch
Ölmühle
Maria Steinbach
Unterbinnwang
Ziegelstadel
Kneipp-Radweg
Bad Grönenbach
Haitzen
Fautzen
Ampo
Oberbinnwang
Wies
Willburger
Mair
Frauenkau
Kreuzbühl
Hohes Schloss
Iller
Westerau
Rothmoos
Oberwaldegg
Aicher
Oberwies
Benger
Mühlbach
Unterwaldegg
Engelharz
Rechberg
Egg
Hummels
Kaltbronn
Loch
Rothenstein
Waldegg
Unterwitzenberg
Oberwitzenberg
Metzger
Graben
Grönenbacher Wald
Hub
Wallfahrtskirche
Greut
Ziegelberg
Legau
Au
Haid
Maien
Vorm Wald
Lehenbühl
Kornhofer
11
Herbisried
Ehrensberg
Unterau
Brandholz
Manneberg
Lenzmühle
Neuwelt
Schrofen
Heiligenbauer
Zürs
Hörpolz
Wieslings

Von Illerbeuren nach Ulm

64,5 km

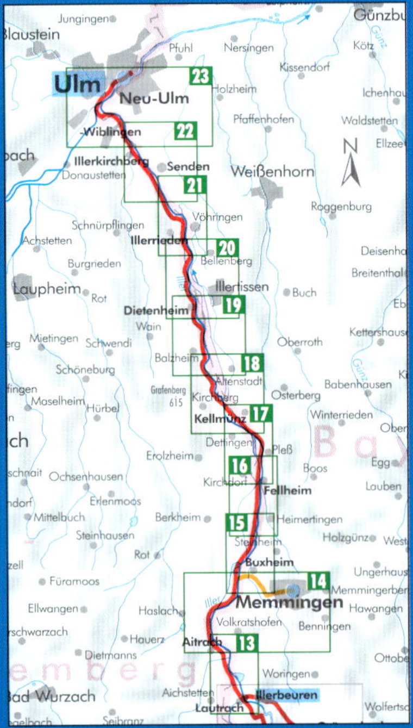

Auch im zweiten Abschnitt erleben Sie den Illerfluss aus nächster Nähe. In gemütlicher Fahrt auf ebenen Wegen haben Sie genügend Zeit, ohne sich auf irgendwelche Ortsdurchfahrten konzentrieren zu müssen, die Ruhe, das Rauschen des Flusses und den Geruch der Natur auf sich wirken zu lassen. Ein Abstecher nach Memmingen, oder der Besuch der ehemaligen Reichskartause in Buxheim, der mächtigen, barocken Klosteranlage in Wiblingen oder der Schlossanlagen in Dietenheim oder Illertissen und natürlich die Donaustadt Ulm bieten sich entlang der Strecke an.

Die Strecke führt wieder zum Großteil auf dem Illerdamm entlang. Der Weg ist nicht asphaltiert, aber gut zu befahren. Auf Steigungen treffen Sie nur vor Ferthofen und Verkehr kommt überhaupt keiner vor.

Memminger
Mindelheimstraße
Maria Himmelfahrt-Kirche
Am Ziegeltörle
Brückenstraße
Stadtbadallee
Waldfriedhofstraße
Friedhofweg
Augsburger Straße
Freudenthalstraße
Bahnhof
Schießstattstraße
Stadtwerke
Freie evang. Gemeinde
Riedbachstraße
Zollamt
Tiroler Ring
Am Güterbahnhof
Haußmannstraße
Alpenstraße
Leimstraße
Kanalstraße
Kühlhausstraße
Lindenbadstraße
Bahnhofstraße
Steinbogenstraße
Schlachthofstraße
Unser-Frauen-Kirche
Post
Kalchstraße
Salzstraße
Maximilianstraße
Kuttelgasse
Schwesterstraße
Lindentorstraße
Badgasse
Stadttheater
Krautstraße
Zollergraben
Feuerwehr
Rennweg
Metzgerweg
Spinnereiweg
Colmarer Straße
Luitpoldstraße
Brühlweg
Gartenstraße
Rabenstraße
Schrannenplatz
Ratzengraben
Rathaus
i
Marktplatz
Kramerstraße
Weinmarkt
Kreuzstraße
Baumstraße
Kempterstraße
Allgäuer Straße
Untere Bachgasse
Obere Bachgasse
Weberstraße
Donaustraße
Maximilian-Kolbe-Haus
Stadthalle
D.-Bonhoeffer-Haus
Westertor
St.-Martin-Kirche
Herrenstraße
Antonierhaus
Lindauer Straße
An der Kasere
Kaisergraben
Polizei
Bezirksmeisterei MM-Land
Dickenreiser Weg
Döderleinweg
Pulvermühlstraße
Rotes Kreuz
Schönfeldstraße
Baumschulweg
Gabelsbergerstraße
Königsgraben
Strigelstraße
Zangmeisterstraße
Westertorplatz
Grenzhofstraße
Knollweg
Heidelberger Weg
Thomanweg
Herlinstraße
Vogelmannstraße
Zinggstraße
Illerstraße
Schappelerstraße
Adenauerring
Buxacher Straße
Hopfenstraße
St.-Josefs-Kirchplatz
St.-Josef-Kirche
Moltkestraße
Bodenseestraße
Stadtweiherstraße
Crusiusstraße
Bessererstraße
Römerstraße
Roeckstraße
Berndt-Straße

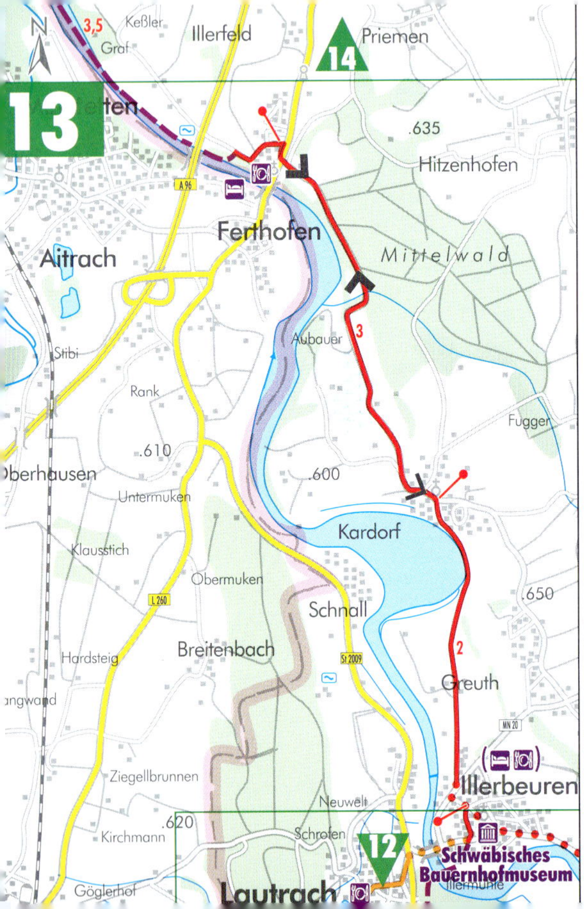

Illerbeuren

An der Vorfahrtstraße fahren Sie nach rechts auf die **Memminger Straße** nach 50 Metern biegen Sie links in die **Kardorfer Straße** ab.

Memmingen

PLZ: 87700; Vorwahl: 08331

- **Stadtinformation**, Marktpl. 3, ✆ 850172
- **Stadtmuseum**, Zangmeisterstr. 8, ✆ 850134, ÖZ: Mai-Okt., Di-Fr, So 10-12 Uhr und 14-16 Uhr.
- **Heimatmuseum**, Zangmeisterstr. 8, ✆ 850134, ÖZ: Mai - Okt., Di-Fr, So 10-12 Uhr und 14-16 Uhr.
- **Strigel-Museum**, Martin-Luther-Pl. 1, ✆ 850246, ÖZ: Di-Sa 10-12 Uhr und 14-16 Uhr, So 10-12.30 Uhr und 13.30-17 Uhr. Mal- und Bildhauerkunst der Künstlerfamilie Strigel.
- **Antoniter-Museum**, Martin-Luther-Pl. 1, ÖZ: Di-Sa 10-12 Uhr und 14-16 Uhr, So 10-12.30 Uhr und 13.30-17 Uhr. Dokumentation über das Leben und Wirken der Antoniter.
- **Parishaus** mit Max-Unold-Sammlung, Ulmer Str. 9, ✆ 3237, ÖZ: Mi 15-17 Uhr, Sa, So 10-12 Uhr. Beherbergt Repräsentationsräume für Konferenzen und eine Bilderausstellung des Memminger Malers Max Unold.
- **Siebendächerhaus**. Diente einst den Gerbern zum Trocknen der Felle.
- **St. Martinskirche**, ✆ 85690, ÖZ: Mai-Sept., Mo-So 10-17 Uhr, Okt., Mo-So 14-16 Uhr

Rathaus Memmingen

- **Freibad**, Stadtbadallee, ✆ 494029, ÖZ: Mai-Sept.

Von Mammo über Mammingin zu Memmingen - die Entwicklung des Namens lässt ahnen, wie sich die Stadt über die Jahrhunderte hinweg gewandelt hat. Memmingen reift von einer kleinen Siedlung in spätrömischer Zeit zur Freien Reichsstadt, zur urbanen Perle im schwäbisch-bayerischen Voralpenland heran. Sie ist eine der wenigen Städte Schwabens, die sich einen geschlossenen mittelalterlichen Kern erhalten konnte. Gotische Bauwerke, mittelalterliche Zunfthäuser und die Rokoko-

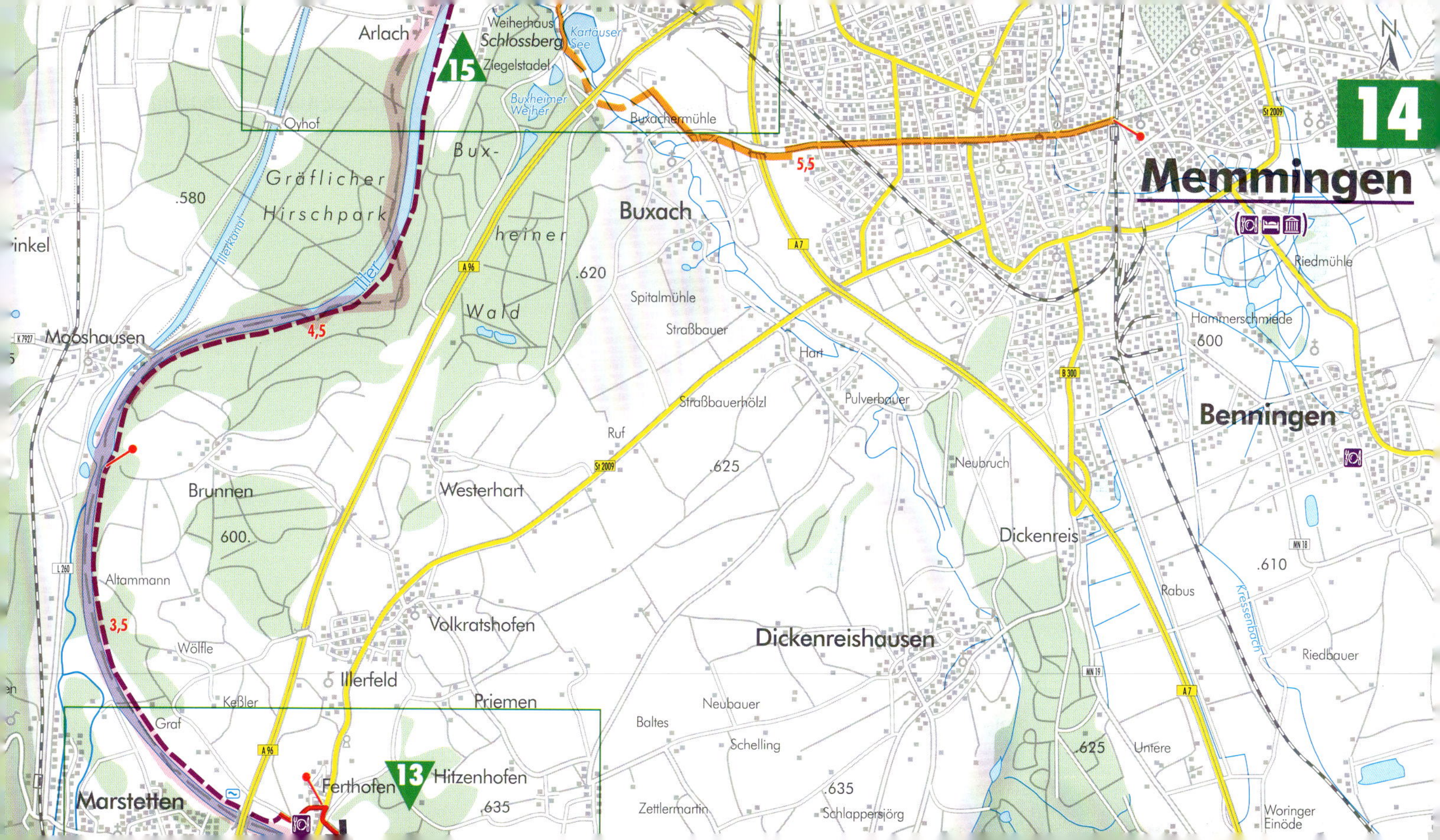
14
Memmingen
Arlach
Weiherhaus
Schlossberg
Kartäuser See
15
Ziegelstadel
Buxheimer Weiher
Buxachermühle
Oyhof
5,5
Bux-
heimer
Wald
Gräflicher
Hirschpark
.580
Illerkanal
Iller
Buxach
.620
Spitalmühle
Straßbauer
Hart
Riedmühle
Hammerschmiede
.600
inkel
Mooshausen
K 7927
4,5
Straßbauerhölzl
Pulverbauer
Benningen
Ruf
.625
Neubruch
Brunnen
Westerhart
600.
Dickenreis
.610
Rabus
Kressenbach
Altammann
3,5
Volkratshofen
Dickenreishausen
Wölfle
Riedbauer
Illerfeld
Keßler
Priemen
Neubauer
Baltes
Graf
Schelling
.625
Untere
Ferthofen
13
Hitzenhofen
.635
Marstetten
.635
Zettlermartin
Schlappersjörg
Woringer Einöde
A 96
A 7
St 2009
B 300
MN 18
MN 19
L 260

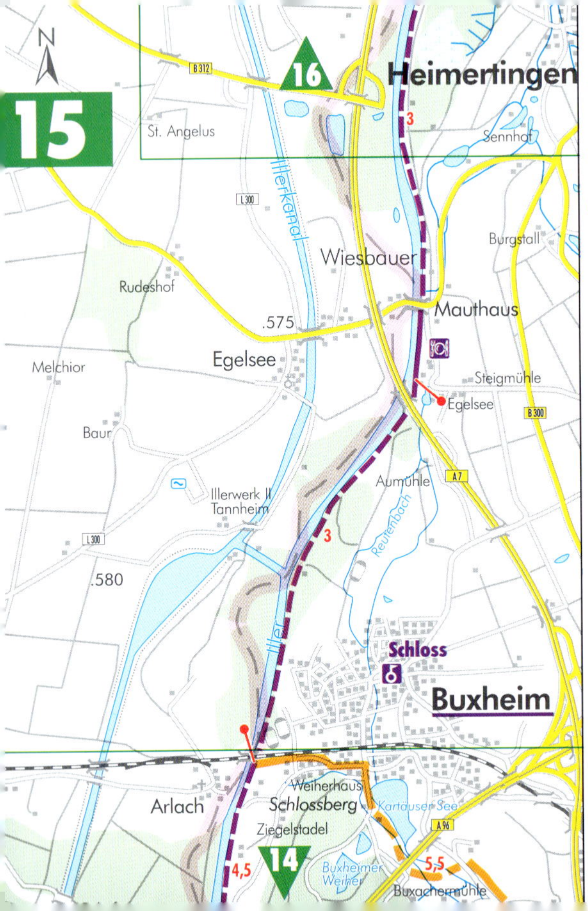

Bauten vermitteln ein buntes Bild von mehr als 850 Jahren Stadtgeschichte.

Verbindung von Memmingen nach Buxheim zum Iller-Radweg 5,5 km

Vom Bahnhof Memmingen fahren Sie nach rechts in die **Bahnhofstraße** ↝ links in die **Kalchstraße** ↝ geradeaus auf den **Marktplatz**, der Fußgängerzone von Memmingen ↝ nach dem Rathaus geradeaus in die **Zangmeisterstraße** ↝ geradeaus durchs **Westertor** ↝ auf den straßenbegleitenden Radweg der **Buxacherstraße** ↝ geradeaus in die **Buxacherstraße**, die für 500 Meter eine Fahrradstraße ist ↝ Sie bleiben immer auf der **Buxacherstraße** und fahren am Stadtende von Memmingen auf dem linksseitig straßenbegleitenden Radweg der Buxacher Straße über die A 7 ↝ rechts auf den straßenbegleitenden Radweg der **Talstraße** ↝ vor der Autobahnbrücke der A 96 fahren Sie links in den asphaltierten Feldweg, der nach 200 Metern nur noch gekiest ist ↝ Sie fahren auf diesem gekiesten Feldweg über die Buxach, unter der A 96 hindurch und kommen beim Wanderparkplatz auf den **Ziegelstadelweg** ↝ links in die **Illerstraße** ↝ bei der Straßengabelung rechts weiter auf der **Illerstraße** ↝ geradeaus in den asphaltierten Forstweg, auf dem Sie nach 200 Metern auf den **Iller-Radweg** treffen.

Buxheim

PLZ: 87740; Vorwahl: 08331

- **Gemeindeverwaltung**, Kirchplatz 2, ✆ 9770-0
- **Deutsches Kartausenmuseum**, ✆ 61804, ÖZ: April-Okt., Mo-Fr 10-12 Uhr und 14-17 Uhr, Sa, So und Fei 13-17 Uhr, Gruppenführungen sind nach Voranmeldung jederzeit möglich. Kartäuser- und Ortsgeschichte, Mönchszelle, Bibliothekszelle.

Das Ortsbild der historischen Stadt Buxheim, eingebettet in bunte Wiesen und grüne Wälder wird geprägt durch die Klosteranlage der Reichskartause, der Pfarrkirche und der Annakapelle.

Von Illerbeuren nach Buxheim 13 km

Kardorf

In Kardorf biegen Sie an der Kirche bei der T-Kreuzung links in die **Ferthofer Straße** ab.

Aitrach

In **Ferthofen** biegen Sie nach links auf die **St 2009** ein und gleich die nächste Straße wieder rechts ab in die **Flößerstraße** ~ an der Kreuzung nach 20 Metern geradeaus auf der **Flößerstraße** bleibend ~ nach 200 Metern fahren Sie an der Straßengabelung nach links leicht bergab ~ beim letzten Haus von Ferthofen biegen Sie nach links in den gekiesten Feldweg zur Iller hinunter ab ~ an der T-Kreuzung biegen Sie nach rechts in den gekiesten Feldweg ab, der flussabwärts entlang der Iller führt ~ Sie passieren den **Flusskilometer 56,2**.

Diese Flusskilometrierung ist für Sie ein optimaler Anhaltspunkt, wie weit es noch auf dem Dammweg entlang der Iller bis zur Mündung in die Donau bei Ulm ist!

Sie unterqueren auf dem Feldweg, der unter der Brücke kurzzeitig asphaltiert ist, die Autobahn A 96 ~ Sie bleiben immer auf dem gekiesten Feldweg entlang der Iller ~ (3 Kilometer nach der Autobahnbrücke zweigt nach links ein Radweg über die Staustufe nach Mooshausen ab).

Tipp: Nach weiteren 4,5 Kilometern zweigt vor der alten Eisenbahnbrücke ein Radweg nach **Buxheim** ab, auf dem Sie nach 5,5 Kilometern zum **Bahnhof nach Memmingen** kommen. Diese Variante ist in umgekehrter Richtung, also von Memmingen nach Buxheim, ab der Seite 37 beschrieben.

Buxheim

Von Buxheim nach Illertissen 25,5 km

3 Kilometer nach Buxheim unterqueren Sie die Autobahn A 7 ~ nach der Autobahnbrücke geht der gekieste Feldweg in einen asphaltierten über ~ bei der Weggabelung radeln Sie auf dem linken asphaltierten Weg entlang der Iller weiter ~ nach 600 Metern unterqueren Sie die L 2013, nach der der asphaltierte Weg wieder in einen gekiesten übergeht ~ nach 2,5 Kilometern fahren Sie geradeaus über die neu asphaltierte Straße, die von Heimertingen nach Oberopfingen führt, in den gekiesten Weg hinein.

Tipp: Wenn Sie nach rechts auf die neu asphaltierte Straße nach **Heimertingen** ra-

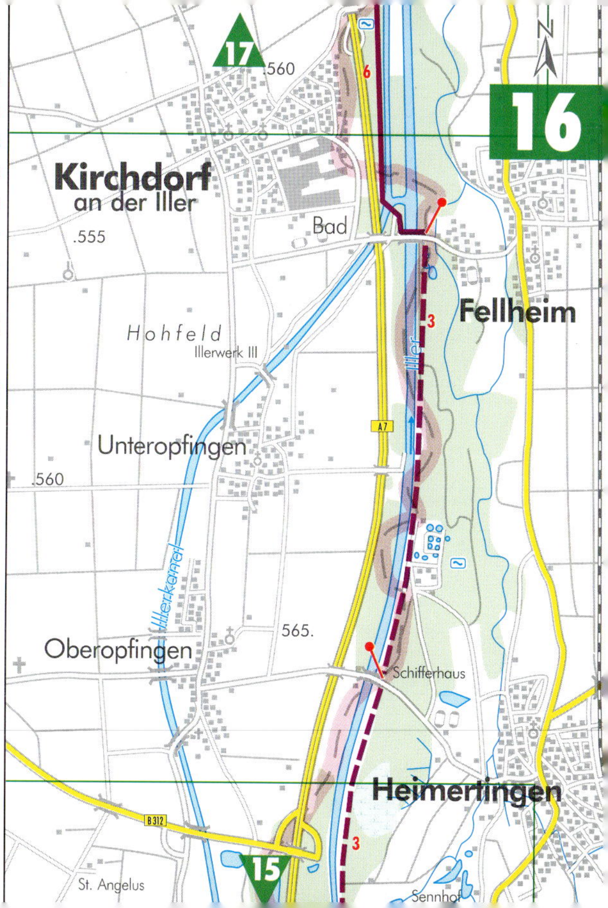

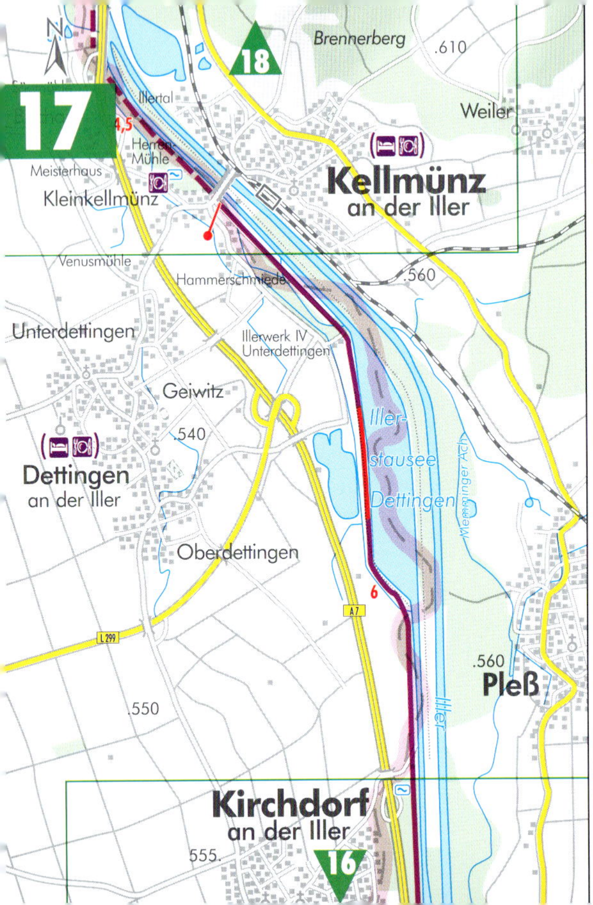

deln, können Sie auf Radwegen von Heimertingen nach **Memmingen** fahren. Diese 8,5 Kilometer lange Verbindungsroute ist in umgekehrter Richtung ab Seite 37 beschrieben.

Heimertingen

3 Kilometer nach Heimertingen radeln Sie unter der K 7580 hindurch und biegen nach 50 Metern an der T-Kreuzung nach links auf die alte Brücke über die Iller ab.

Kirchdorf an der Iller

Nach der Illerbrücke radeln Sie rechts hinunter ~ nach 150 Metern geradeaus über die Brücke und dem Straßenverlauf folgend nach links über den Illerkanal ~ nach dem Illerkanal rechts in die asphaltierte, für den öffentlichen Verkehr gesperrte Straße ~ nach 3 Kilometern fahren Sie rechts an einem Baggersee entlang.

Dettingen an der Iller

Am Ende des Baggersees fahren Sie geradeaus auf der asphaltierten Straße weiter und erreichen nach 500 Metern das **Illerkraftwerk Unterdettingen** ~ an der T-Kreuzung rechts und nach 50 Metern links in die für

Allgäuer Landschaft

den öffentlichen Verkehr gesperrte, asphaltierte Straße, die kerzengerade auf dem Illerdamm verläuft.

In **Kleinkellmünz** fahren Sie geradeaus über die Vorfahrtstraße in den **Brückenweg** hinein.

Kellmünz

PLZ: 89293; Vorwahl: 08337

i **Rathaus**, Marktstr. 6, ✆ 294

Der Markt Kellmünz liegt etwa 35 km südlich von Ulm und 20 km nördlich von Memmingen. Er erhebt sich auf einer Anhöhe über dem Flusstal und wird die „Perle des Illertals" ge-

nannt. Der Name Kellmünz, der aus dem römischen „celius mons" entstand, wurde wahrscheinlich von den Römern aus dem Keltischen übernommen.

Die römischen Truppen zogen Mitte des 5. Jahrhunderts ab und Kellmünz gelangte in den Besitz des altalemannischen Herzogsgeschlechts der Alaholfinger. Im Jahre 1330 erhielt Kellmünz das Marktrecht von Kaiser Ludwig dem Bayern und am 1. 4. 1343 wurde der Blutbann verliehen.

Am Waldrand geht der asphaltierte Brückenweg in einen gekiesten Waldweg über Sie unterqueren die A 7 nach 3 Kilometern kreuzen Sie die Asphaltstraße nach Altenstadt.

Tipp: Von Altenstadt bis Au ist der Iller-Radweg 9,5 Kilometer auf beiden Uferseiten beschildert. Er führt auf beiden Seiten immer am Illerufer auf dem gekiesten Dammweg entlang. Der östliche Uferweg ist besser zu befahren.

Altenstadt

PLZ: 89281; Vorwahl: 08337

Rathaus, Hindenburgstr. 1, ✆ 7210

Über die frühe Geschichte dieser Gegend, wo die Herrschaft der Illereichen angesiedelt war, können nur Vermutungen angestellt werden. Sie lebten weder in Dörfern oder Städten sondern nur in Einzelhöfen. Die Gegend wurde damals von Zeit zu Zeit von der Iller überflutet. Aber die Alemannen, die einwanderten, übernahmen nur den Besitz des urbar gemachten Landes. Die Herren von Rechberg vereinigten mehrere Herrschaften zwischen Lech und Iller und erbauten in den Jahren 1420-60 eine mächtige Burg und legten eine Handwerkssiedlung an. Diese Siedlung hieß die

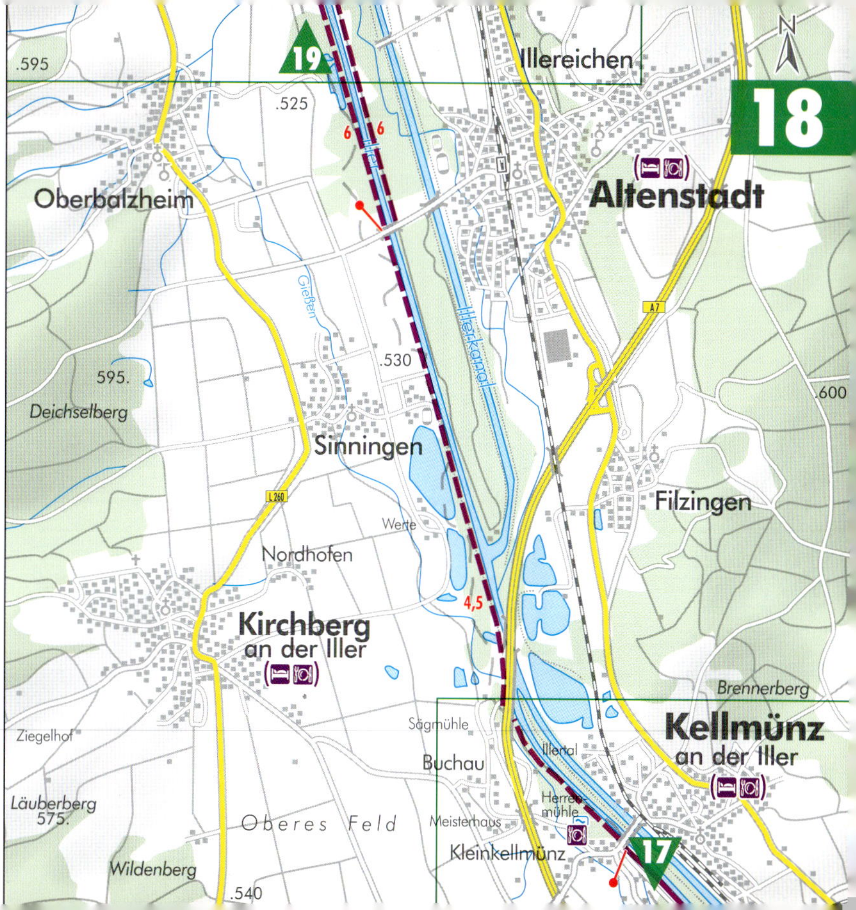

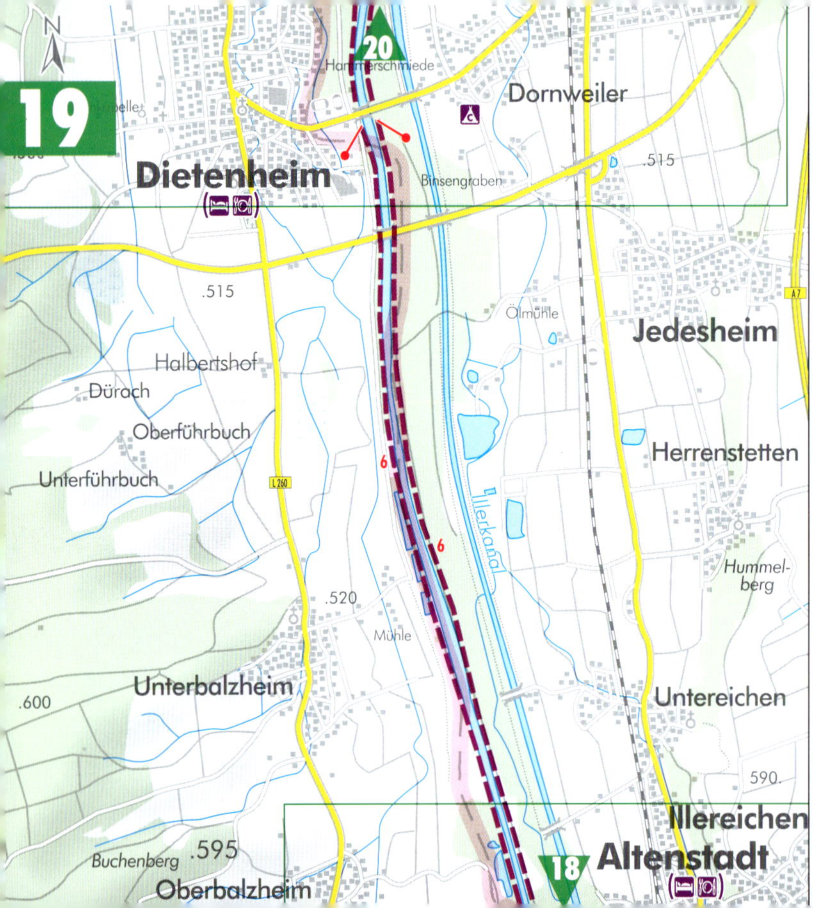

„Alte Stadt", woraus der heutige Ortsname Altenstadt entstand. Altenstadt blieb bis zum Jahr 1700 ein Bauerndorf. Der heutige Ortskern entstand erst um 1720.

Einen Kilometer nachdem Sie den Autobahnzubringer unterquert haben kreuzen Sie die Straße zwischen Dietenheim und Illertissen.

Tipp: Sie können auf dem südlich straßenbegleitenden Radweg an dieser Straße ins Zentrum von **Illertissen** oder **Dietenheim** radeln.

Illertissen

PLZ: 89257; Vorwahl: 07303

Kulturamt, Hauptstr. 4, ☎ 172-11

Bienen- und Heimatmuseum, ÖZ: Di 16-21 Uhr, Mi 9-12 Uhr und 14-17 Uhr, Sa 14-17 Uhr, So 13-17 Uhr

Egerländer-Elbogener Heimatstuben, ☎ 17211, ÖZ: in den Sommermonaten jeweils am Sa 14-17 Uhr, Okt. - April nach Voranmeldung

Vöhlinschloss mit Schlosskapelle und Barocksaal. Erbaut 12./13. Jh.

Stadtpfarrkirche St. Martin. Renaissancealtar aus dem Jahr 1604.

Hallenfreizeitbad Nautilla, ☎ 42744, ÖZ: ganzjährig Mo-Fr 9.30-22 Uhr, Sa, So/Fei 9-21 Uhr

Illertissen kann auf eine über 1.000-jährige Geschichte zurückblicken. Die Ursprünge gehen bis ins Jahr 500 nach Christi zurück und Spuren menschlichen Lebens können bis in die mittlere Bronzezeit verfolgt werden. Im Jahre 954 standen sich König Otto I. und sein Sohn Ludolf mit ihren Heeren gegenüber, aber dem Hl. Ulrich, Bischof von Augsburg, und dem Bischof von Chur gelang dann doch die Versöhnung von Vater und Sohn. Gemeinsam verhinderten sie ein Jahr später in der berühmten Schlacht auf dem Lechfeld das weitere Vordringen der Ungarn nach Mitteleuropa. Die jetzige Deutung des Stadtwappens mit den drei P - „Pugnamus Pro Pace" - „Wir kämpfen für den Frieden" kann auf dieses Ereignis bezogen werden. Illertissen erhielt 1430 durch den König Sigismund das Privileg des Marktrechtes. Im Jahre 1757 wurde Illertissen bayrisch, als die Herrschaft an Kurfürst Maximilian III. überging und der Markt Sitz von Verwaltungsbehörden wurde. Das Renaissanceschloss Vöhlin prägt das Stadtbild wesentlich.

Von Illertissen nach Senden 14,5 km

3,5 Kilometer nachdem Sie die Straße zwischen Dietenheim und Illertissen gequert haben vereinen sich die beiden Varianten des Iller-Radweges wieder auf der Höhe von Regglisweiler ~ am östlichen Illerufer radeln Sie weiter auf dem gekiesten Dammmweg ~ Sie überqueren auf einer Holzbrücke die Einmündung des Illerkanals ~ nach 2,5 Kilometern unterqueren Sie die Straße nach Vöhringen.

Bellenberg

PLZ: 89287; Vorwahl: 07306

Rathaus, Memminger Str. 7, ☎ 78425

Schlossberg mit Burg

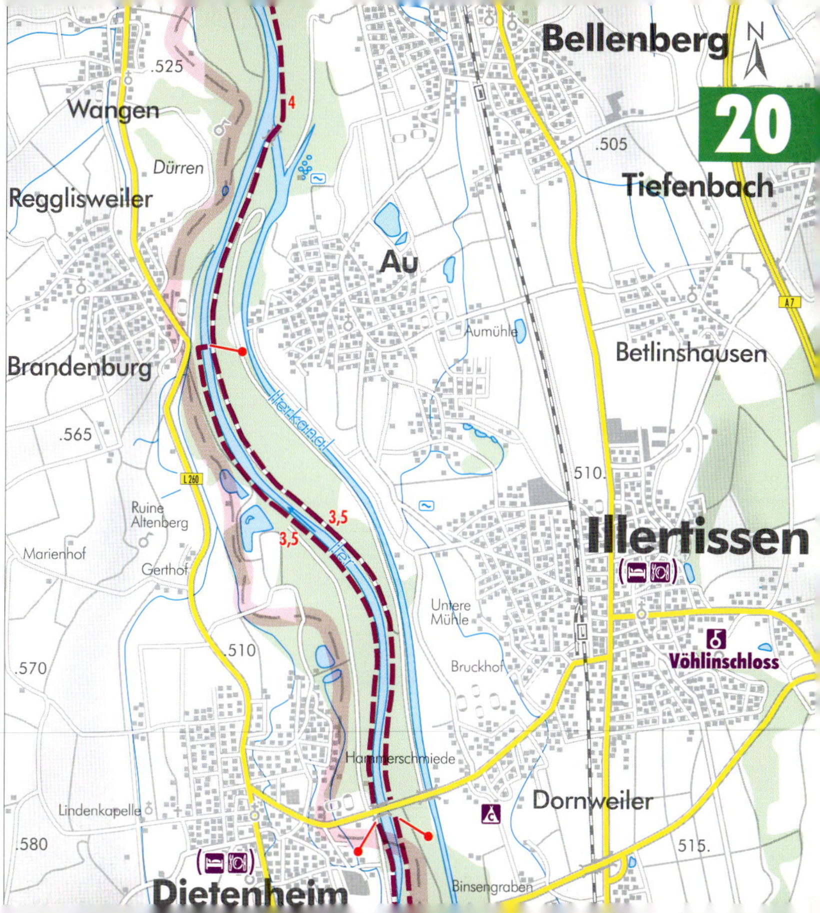

Pfarrkirche St. Peter und Paul

Kirche Unsere liebe Frau vom Rosenkranz.

Der Name Bellenberg wurde erstmals 1302 erwähnt. Durch archäologische Ausgrabungen mit Funden aus der Spätbronzezeit kann man aber eine durchgehende Besiedelung seit 3.500 Jahren belegen.

Vöhringen

PLZ: 89269; Vorwahl: 07306

Stadtverwaltung, Hettstedter Pl. 1, ✆ 96220

Marienkirche. Wahrzeichen der Stadt. Das Gestühl mit alten Wangen stammt aus dem Jahre 1700. Eine Sandsteinplatte von 1527 ist nur noch fragmentarisch erhalten.

Kulturzentrum Wolfgang-Eychmüller-Haus. Benannt nach dem Ehrenbürger der Stadt Vöhringen wurde 1993 eröffnet.

Vöhringen dürfte bereits im 5./6. Jahrhundert entstanden sein, als die Alemannen von der Donau her die schwäbischen Flusstäler besiedelten.

„Veringen", wie es im 12. Jahrhundert mehrfach namentlich auftauchte, wechselte im 15. Jahrhundert mehrmals seinen Besitzer und wurde schließlich 1756 durch Kurfürst Max Joseph von Bayern früher als die Nachbarorte bayerisch.

Radschild

Als der Fabriksbesitzer Philipp Jakob Wieland das Mühlgut mit Fabrikgelände und der dazugehörigen Wasserkraft käuflich erwarb, setzte für die Stadt Vöhringen im Bereich der Industrialisierung eine entscheidende Wende im Jahr 1864 ein. Heute noch prägen die Wieland-Werke als weltweit bekanntes Unternehmen das Vöhringer Ortsbild. Vöhrigen wurde 1977 zur Stadt erhoben.

Sie radeln auf dem gekiesten Dammmweg am östlichen Illerufer weiter ⚠ auf der Höhe von **Illerzell** müssen Sie eine schmale

Brücke mit steilen Stufen passieren. **Diese Brücke ist mit Anhänger nicht zu bewältigen!** ~ kurz bevor Sie Senden erreichen, biegt der gekieste Radweg vom Dammweg nach rechts in den Auwald ab ~ nach 200 Metern stoßen Sie auf einen schmalen Damm, auf den Sie nach links in einen gekiesten Radweg einbiegen ~ Sie erreichen direkt am **Stauwehr** die Iller ~ kurz darauf radeln Sie nach links auf einer neuen Fahrradbrücke über die Ausleitung des Illerstauwehrs ~ nach einem knappen Kilometer erreichen Sie auf dem gekiesten Radweg die Straße zwischen Illerkirchberg und Senden.

Tipp: Hier gabelt sich noch einmal der Iller-Radweg. Sie können am **östlichen Illerufer** direkt nach Ulm radeln oder am **westlichen Illerufer** an der gewaltigen barocken **Klosteranlage von Wiblingen** vorbei radeln.

Senden

PLZ: 89250, Vorwahl: 07307

- **Stadtverwaltung**, Hauptstr. 34, ✆ 9450
- **Marienwallfahrtskirche.** Errichtet 1733-40, Kirche mit reicher Rokokoausstattung.
- **See- und Hallenbad**, ✆ 90200, ÖZ: April-Sept., Mo-Fr 9-20 Uhr, Sa, So/Fei 8.30-20 Uhr, Okt.-März, Mo 12-21 Uhr, Di, Do, Fr 9-21 Uhr, Mi 9-17 Uhr, Sa, So/Fei 8.30-20 Uhr

Funde aus der Hallstattzeit berichten über eine Besiedelung in der Zeit 1000 v. Chr. Die erstmalige Erwähnung Sendens 1482 kann in den Salbüchern der Grafschaft Kirchberg und der Herrschaft Wullenstetten nachgewiesen werden.

1504 kommt Senden zu Österreich und erst 1806 wird die Stadt bayrisch.

Das Marktrecht erhielt die Stadt im Jahre 1955 und ihr wird 1975 die Bezeichnung Stadt verliehen.

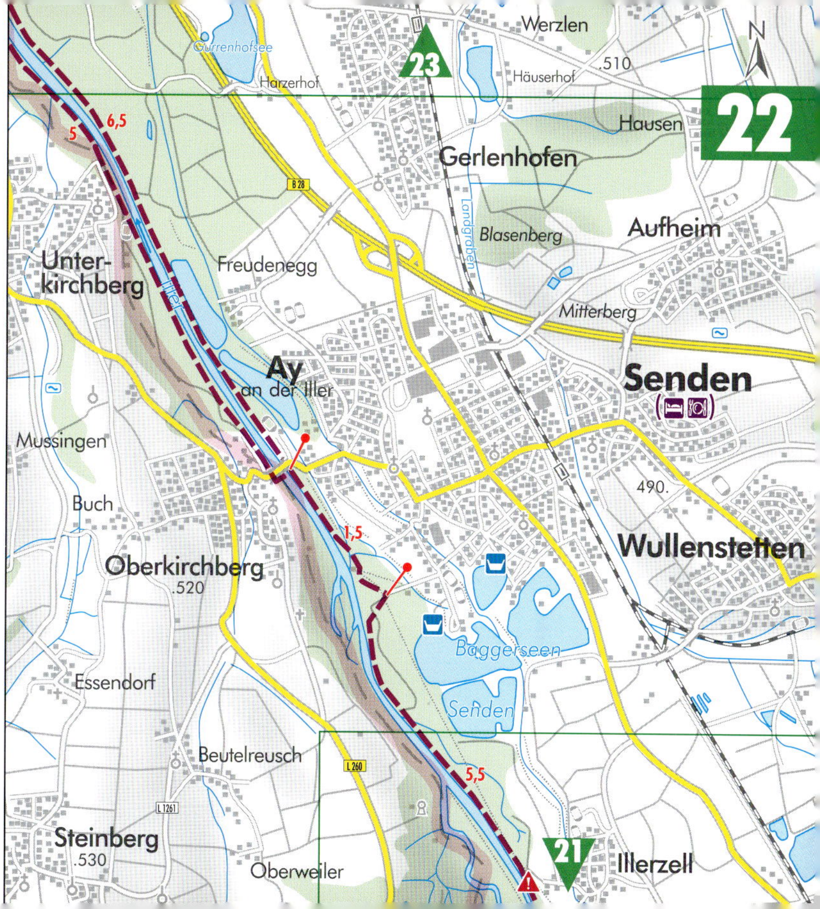

Von Senden nach Ulm 11,5 km

Am Westufer über Kloster Wiblingen nach Ulm

Sie radeln auf der Straße über die Illerbrücke und biegen direkt danach nach rechts in einen anfangs betonierten, später gekiesten Weg ab ~ nach 2,5 Kilometern passieren Sie auf diesem gekiesten Weg an der Iller **Unterkirchberg** ~ nach weiteren 2,5 Kilometern biegen Sie nach links in einen gekiesten Fahrweg ab ~ nach 200 Metern geht der Fahrweg in eine Asphaltstraße, die **Platzmahd** über und Sie sehen bereits die Klosteranlage ~ nachdem Sie einen Bach überquert haben biegen Sie an der T-Kreuzung nach rechts in den **Kutschenberg** ab ~ nach 150 Metern wieder rechts in die **Schloßstraße**, auf der Sie direkt am **Kloster** entlang radeln.

Wiblingen (Stadtteil von Ulm)

Kloster Wiblingen, ✆ 1612830, ÖZ: April-Okt., Di-So/Fei 10-12 Uhr und 14-17 Uhr, Nov.-März, Sa, So/Fei 14-16 Uhr. Das ehemalige Benediktinerkloster Wiblingen liegt ca. 5 km südlich von Ulm und wurde 1093 gegründet. Die

Kloster Wiblingen

Basilika, die Klosterkirche, ist ein stilvoller Barockbau von 1772-83. In ihr befindet sich ein Deckengemälde von Januarius Zick aus dem Jahre 1780 und eine frühklassizistische Orgel. Ebenso kann man ein Chorgestühl und ein spätgotisches Kruzifix vom Ulmer Münster aus dem 16. Jh. bewundern. Im Nordflügel des Klosters befindet sich der prunkvolle Rokoko-Bibliothekssaal von Christian Wiedemann mit Deckengemälden von Franz Martin Kuen aus dem Jahre 1744.

Nachdem Sie das Kloster passiert haben biegen Sie an der Vorfahrtstraße nach rechts auf die **Ulmer Straße** ein ~ nach 100 Metern beginnt an der linken Straßenseite ein straßenbegleitender Radweg ~ Sie unterqueren die 4-spurige B 30 ~ nach der **Illerbrücke** biegen Sie nach links auf den gekiesten Dammweg ab.

Am Ostufer nach Ulm

Sie unterqueren auf dem gekiesten Radweg die Straße zwischen Illerkirchberg und Senden ~ nach 6 Kilometern auf dem gekiesten Uferweg unterqueren Sie die 4-spurige B 30 ~ kurz darauf unterqueren Sie die Ulmer Straße, nach der die Variante am Westufer wieder auf diesen gekiesten Dammweg stößt ~ nach 2 Kilometern **mündet die Iller in die Donau** und der Dammweg ist nun asphaltiert ~ Sie passieren das **Atlantis-Erlebnisbad** und überqueren den Illerkanal, der nun auch in die Donau mündet ~ nachdem Sie die 4-spurige B 28 unterquert haben, überqueren Sie nach links auf der Fahrradbrücke die Donau (genießen Sie vorher aber die herrliche Sicht auf die malerische Altstadt von Ulm)

Sie biegen nach der Brücke rechts auf den asphaltierten Donau-Radweg ein nachdem Sie die Eisenbahnbrücke unterquert haben biegen Sie nach links den Berg hinauf auf den asphaltierten Radweg ab.

Tipp: Geradeaus können Sie auf dem **Donau-Radweg** Ihre Radtour in Richtung Günzburg und Donauwörth fortsetzen. In **Günzburg** beginnt der **Günz-Radweg** und in **Donauwörth** die **Romantische Straße**.

Sie folgen dem Verlauf dieses asphaltierten Radweges, wobei Sie zuerst die Zinglerstraße unterqueren und danach die Neue Straße überqueren Sie queren den Busbahnhof und fahren nach links auf dem Fuß- und Radweg an der **Friedrich-Ebert-Straße** bis zum **Hauptbahnhof von Ulm**, an dem der Iller-Radweg endet.

Ulm

PLZ: 89073; Vorwahl: 0731

Tourist-Information, Münsterpl. 50 (Stadthaus), ✆ 161-2830

Schiffsrundfahrten mit dem „Ulmer Spatz", ab dem Metzgerturm, Information: R. Kräß, Henkersgraben 55, ✆ 62751. Rundfahrten auf der Donau mit einem Oldtimer Schiff Baujahr 1935.

Ulmer Museum, Marktpl. 9, ✆ 161-4300 (Mo-Fr), 161-4330 (Sa, So), ÖZ: Di-So 11-17 Uhr, Do 11-20 Uhr. Schwerpunkte: Kunst d. 20. Jh.s, Sammlung Kurt Fried, gothische Kunst, Kunsthandwerk sowie archäologische Sammlung.

Deutsches Brotmuseum im Salzstadel, Salzstadelg. 10, ✆ 69955, ÖZ.: Mo-So 10-17 Uhr, Geschichte des Brotes, außergewöhnliche Bilder zu Saat, Ernte, Brotverkauf und Brotverzehr. Eine Abteilung behandelt das Thema Hunger in der Welt.

Naturkundliches Bildungszentrum, Kornhausg. 3, ✆ 161-4742, ÖZ: Di-So

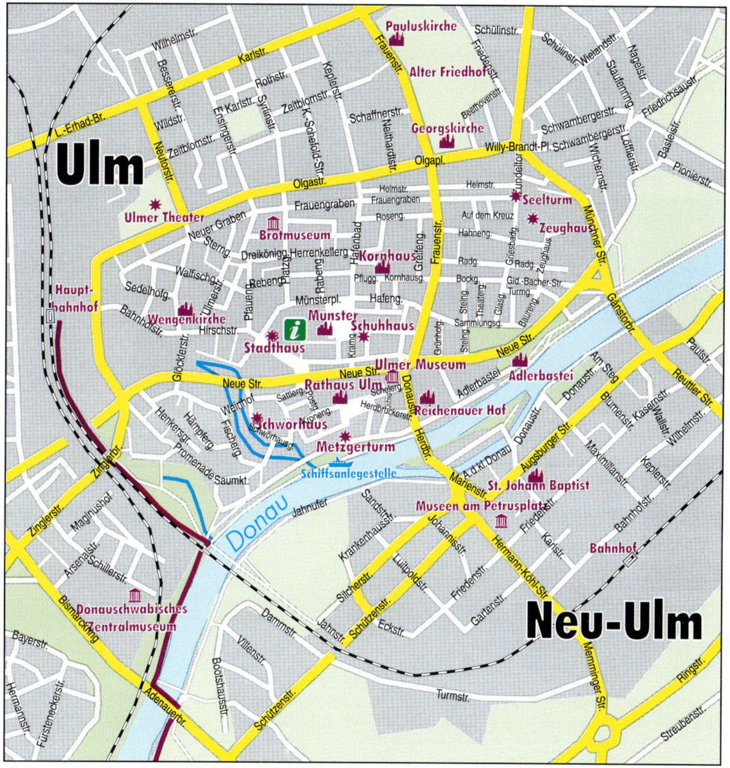

Ulm

10-13 Uhr und 14-16 Uhr, Do10-13 Uhr und 14-19 Uhr. Besonderheit ist ein Teil eines verkieselten Palmenstammes (sog. Ulmer Palme).

- **Donauschwäbisches Zentralmuseum**, Schillerstr. 1, ✆ 962540, ÖZ: Di-So 10-17 Uhr, Do 10-19 Uhr, Thema: Geschichte der Donauschwaben.
- **Gotisches Münster** mit dem höchsten Kirchturm der Welt (161,6 m), ÖZ: Mo-So 9-17 Uhr.
- **Barock-Kloster Wiblingen**, ehem. Benediktinerkloster mit Basilika und Bibliothekssaal
- **Bundesfestung Ulm**, größte erhaltene Festungsanlage Europas, 1842-59, Führungen: ganzjährig n. V. mit der Tourist-Information.
- historische **Stadtmauer** an der Donau mit dem **Metzgerturm**
- **Schwör-**, **Zeug-**, **Schuh-** und **Kornhaus**
- **Rathaus** mit astronomischer Uhr
- **Fischer- und Gerberviertel** an der Mündung der Blau mit vielen romantischen Brücken und Plätzen.
- **Blindengarten** (Duft- u. Tastgarten)
- **Schwörwoche und Wasserfestzug** „Nabada" (Mitte Juli)
- **Historisches Fischerstechen** mit Festzug, Lichterserenade auf der Donau, Ulmer Münzenmarkt, Internationales Donaufest
- **Stadtführungen**: ca. 90 Minuten, Mai-Okt., Mo-Sa 10 Uhr und 14.30 Uhr, So/Fei 11 Uhr und 14.30 Uhr, Nov.-April, Sa 10 Uhr, So/Fei 11 Uhr, ab Tourist-Information am Münsterplatz (Stadthaus)
- **Kunstlandschaft Donau**, zwischen Adenauerbrücke und Friedrichsau an beiden Ufern 7 km Rundweg mit mehr als 45 Großplastiken.
- **Aquarium und Tropenhaus**, Friedrichsau 38, ✆ 161-6742, ÖZ: April-Sept., Di-So 10-18 Uhr, Okt.-März, Di-So 10-17 Uhr.
- **Atlantis-Erlebnisbad**, Wiblinger Str. 55, ✆ 985990
- **Westbad**, Moltkestr. 30, ✆ 161-3480

Zu den schönsten Seiten von Ulm gehört sicherlich das malerische Fischer- und Gerberviertel. Eng aneinander gereiht und zum Teil über das Wasser der Blau hinaus gebaut, stehen die mit der Zeit etwas windschief gewordenen Fachwerkhäuser. Es bedarf wohl keiner großen Phantasie, um sich das rege Treiben vorzustellen, das hier früher herrschte, als noch saftige Karpfen, Hechte und viele andere köstliche Fische aus der Donau geangelt und dann lautstark feilgeboten wurden.

Einen bemerkenswerten Beitrag zum Wohlstand dieser Stadt leisteten die Ulmer Schiffer. Mit ihren berühmten „Ulmer Schachteln" transportierten sie neben Waren auch unzählige schwäbische Auswanderer flussabwärts nach Wien. Wenn die Floße dort angelangt waren, wurden diese „Schwabenplättchen", wie sie von den Wienern genannt wurden, zerlegt und als Brennholz weiterverkauft, da sich ein Rücktransport nicht gelohnt hätte. Aber wie für alle anderen Zünfte bedeutete auch für die der

23
Gotisches Münster
Metzgerturm
St. Johann-Baptist Kirche
Edwin-Scharff-Museum
Offenhausen
Donau-Radweg
ULM
Neu-Ulm
Breithofen
Birkhof
Pfuhler Ried
Ludwigsau
Schwaighofen
Oberer Kuhberg
Lindenhöhe
Ulmer Ried
Finninger Ried
Finningen
Kugelberg
Schlüsselhof
Rotwandhof
Illerbrücke
Iller
Rote Wand
Donau
Ulmer Hofgut
Ried
Bauernried
Ludwigsfeld
Metzgerhof
Marbach
Lindenhof
Rosenberg
Donautal
Kloster Wiblingen
Riedhöfe
Reutti
Jedelhausen
Gerlenhofen
Gurrenhof
Werzlen
Wiblingen
Mückenwand
Gurrenhofsee
Häuserhof
Landgraben
22
B 28
B 10
B 311
B 30
L 2021
L 260
A 7

Schiffer die Industrialisierung den Untergang. Neben den malerischen Bauten erinnert heute vor allem das alle vier Jahre stattfindende Fischerstechen an vergangene Zeiten. Bei diesem traditionsreichen Wettkampf gewinnt derjenige, dem es gelingt, alle anderen Turniergegner ins Wasser zu stoßen.

Wenn Sie noch ein Stück donauabwärts fahren, gelangen Sie zum schiefen Metzgerturm. Einer Legende nach soll sich dieser geneigt haben, während die Metzger zusammenkamen, um sich gegen den Vorwurf, sie würden immer kleinere Würste produzieren, zu wehren. Eine Geschichte, mit der die Ulmer nicht gerade Vertrauen zur Wahrheitsliebe der Metzger bewiesen.

Blick auf Ulm

Dass es den Ulmern aber nicht nur um die Größe der Wurst geht, können Sie am besten am gotischen Münster sehen. Mit seinen 161,6 Metern ist er der höchste Kirchturm der Welt und die Ulmer sind sehr stolz darauf. Zudem haben sie diesen Rekord seit 1890 inne. Schwindelfreie Leute können den Turm über eine enge Wendeltreppe erklimmen. Zwar müssen Sie für diese schweißtreibende Tat auch noch bezahlen, die Aussicht ist jedoch das Geld wert. Mit einer wesentlich geringeren Höhe kam hingegen der „Schneider von Ulm" Albrecht Berblinger aus, der mit seinen selbstkonstruierten Schwingen 1811 versuchte, von der Adlerbastei abzuheben. Die damals noch nicht erforschten Abwinde, die von der Iller her wehen, bescherten dem Ulmer Ikarus statt des ersehnten Höhenfluges ein Bad in den Fluten der Donau. Dass Ulm in wissenschaftlicher Hinsicht jedoch ein gutes Pflaster zu sein scheint, beweisen der Physiker Albert Einstein, der hier geboren wurde und die neue „Wissenschaftsstadt" auf dem Eselsberg mit der Universität und bedeutenden Forschungsinstituten.

Mit einer etwas leichter verständlichen Materie als der Relativitätstheorie, aber einer mindestens ebenso wichtigen, beschäftigt sich das Deutsche Brotmuseum, das sich in der Nähe des Münsters befindet.

Am Rand des Fischerviertels steht das 1370 erbaute Rathaus mit der astronomischen Uhr. Neben den Wandmalereien und dem figürlichen Schmuck ziert die Darstellung einer „Ulmer Schachtel" den Südgiebel des Hauses. 1810 wurde von den Königen von Bayern und von Württemberg die Teilung der Stadt beschlossen, wobei die Donau als Grenze diente. So kam Neu-Ulm zu Bayern, was der schwäbischen Bevölkerung sehr missfiel. Heute bekommen Sie sicherlich ein Paar Weißwürste sowohl im schwäbischen Ulm, als auch im bayerischen Neu-Ulm.

Bett & Bike

Alle mit dem Bett & Bike-Logo (🚲) gekennzeichneten Betriebe nehmen an der ADFC-Aktion „Fahrradfreundliche Gastbetriebe" teil. Sie erfüllen die vom ADFC vorgeschriebenen Mindestkriterien und bieten darüber hinaus so manche Annehmlichkeit für Radfahrer. Detaillierte Informationen finden Sie in den ausführlichen Bett & Bike-Verzeichnissen – diese erhalten Sie überall, wo's *bikeline* gibt.

ADFC Allgemeiner Deutscher Fahrrad-Club

Übernachtungsverzeichnis

Im folgenden sind Hotels (H), Hotel garni (Hg), Gasthöfe (Gh), Pensionen (P), Privatzimmer (Pz) und Bauernhöfe (Bh), aber auch Jugendherbergen (⌂) und Campingplätze (▲) der wichtigsten Orte entlang der Iller angeführt. Für Varianten gilt dies selbstverständlich auch. Die Orte sind nicht in alphabetischer Reihenfolge, sondern analog zur Streckenführung aufgelistet.

Das Verzeichnis erhebt keinen Anspruch auf Vollständigkeit und stellt keine Empfehlung der einzelnen Betriebe dar! Wichtiges Auswahlkriterium ist die Nähe zur Radroute und zu den Stadtzentren. Die römische Zahl (I-VI) hinter der Telefonnummer gibt die Preisgruppe des betreffenden Betriebes nach folgender Unterteilung an. Diese Preisgruppen lassen nur bedingt Rückschlüsse auf Qualität oder Ausstattung der Betriebe zu.

I	unter € 15,–		
II	€ 15,–	bis	€ 23,–
III	€ 23,–	bis	€ 30,–
IV	€ 30,–	bis	€ 35,–
V	€ 35,–	bis	€ 50,–
VI	über € 50,–		

Die Angaben beziehen sich auf den Preis pro Person in einem Doppelzimmer mit Dusche oder Bad und Frühstück, sofern nichts anderes angegeben ist. Betriebe, die nur Etagenduschen bzw. -bäder anbieten, sind durch das Symbol 🚿 nach der Preisgruppe gekennzeichnet.

Da wir das Verzeichnis stets erweitern, sind wir für Anregungen Ihrerseits dankbar. Die Eintragung erfolgt kostenfrei.

Oberstdorf

PLZ: 87561; Vorwahl: 08322

i Tourist-Information und Kurverwaltung, Marktpl. 7, ☎ 7000

i Tourist-Information, am Bahnhofplatz, ☎ 700217

H Kurhotel Exquisit, Prinzenstr. 17, ☎ 96330, VI

H Kurhotel Filser, Freibergstr. 15, ☎ 7080, VI

H Kurhotel Frank, Sachsenweg 11, ☎ 7060, VI

H Kurhotel am Christlesee, Christlesee, ☎ 6080, V-VI

H Adler, Fuggerstr. 1, ☎ 96100, V-VI

H Oberstdorf, Reute 20, ☎ 080083228322 (ohne Vorwahl), IV-V

H Alpenhof, Fellhornstr. 36, ☎ 96010, VI

H Baur, Marktpl. 5, ☎ 4055, IV-VI

H Birgsauer Hof, Birgsau 9, ☎ 96900, V-VI

H Fuggerhof, Speichackerstr. 2, ☎ 96430, V-VI

H Gruben, Gruben 1a, ☎ 3354, IV-V

H In's Panorama, Reute 6, ☎ 3074, V-VI

H Mohren, Marktpl. 6, ☎ 9120, VI

H Steinacker, Am Otterrohr 3, ✆ 2146, V
H Traube, Hauptstr. 6, ✆ 809940, V-VI
H Waldesruhe, Alte Walserstr. 20, ✆ 6010, V-VI
H Weinklause, Prinzenstr. 10, ✆ 2364, V-VI
H Wittelsbacher Hof, Prinzenstr. 24, ✆ 6050, V-VI
H Zum Paulanerbräu, Kirchstr. 1, ✆ 96760, III-IV
Hg Alpenruhe, Lorettostr. 19, ✆ 96830, III-V
Hg Auenhof-Appartements, Zweistapfenweg 11, ✆ 96010, V-VI
Hg Bergfreund, Zweistapfenweg 3, ✆ 977860, III-V
Hg Bergidyll, Freibergstr. 17, ✆ 97740, V
Hg Brigitte, Wannackerstr. 4, ✆ 96910, III-V
Hg Carola, Heimenhofenstr. 1, ✆ 809950, III-IV
Hg Engel, Trettachstr. 4, ✆ 986858, III-V
Hg Erika, Wittelsbacherstr. 8, ✆ 96170, IV-V
Hg Geldernhaus, Lorettostr. 16, ✆ 977570, V-VI
Hg Gerberhof, Zweistapfenweg 5,7 u. 9, ✆ 7070, V-VI
Hg Hahnenköpfle, Finkenstr. 11, ✆ 96360, IV-VI
Hg Hölting, Lorettostr. 23, ✆ 96160, IV-VI
Hg Hubert, Lorettostr. 21, ✆ 96880, III-V
Hg Kappelerhaus, Am Seeler 2, ✆ 96860, IV-VI
Hg Kurparkhotel, Prinzenstr. 1, ✆ 96560, V-VI
Hg Liberia, Alpenrosenstr. 3, ✆ 96650, III-VI
Hg Luitpold-Minotel Deutschland, Ludwigstr. 18, ✆ 6030, V-VI
Hg Marzeller, Rechbergstr. 8, ✆ 96520, III-V
Hg Menning, Öschlesweg 18, ✆ 2536, V-VI
Hg Regina, Metzgerstr. 7, ✆ 96250, III-VI
Hg Rex, Clemens-Wenzeslaus-Str. 3, ✆ 96890, V-VI
Hg Rieger, Fellhornstr. 20, ✆ 96050, VI
Hg Rubihaus, Nebelhornstr. 33, ✆ 6090, IV-V
Hg Scheibenhaus, Scheibenstr. 1, ✆ 959302, V
Hg Schellenberg, Schellenbergstr. 2, ✆ 96370, V-VI
Hg Sonnenheim, Waltenbergerstr. 6, ✆ 2466, V
Hg Tannhof, Stillachstr. 12, ✆ 96530, V-VI
Hg Thea, Prinzenstr. 11, ✆ 2640, III-IV
Hg Landhaus, Weststr. 49, ✆ 4247, IV-V
Hg Weller, Fellhornstr. 22, ✆ 96610, V-VI
Hg Wesch Schorschl, Edelweißstr. 2, ✆ 4237, V
Hg Wiese, Stillachstr. 4a, ✆ 3030, VI
Hg Wiesenblick, Ludwigstr. 31-33, ✆ 7010, VI
Hg Zum Kachelofen, Kirchstr. 3, ✆ 5691, IV-VI
Hg Zur Post, Im Steinach 1, ✆ 4687, IV-V
Gh Alpenrose, Krappberg 1, ✆ 98267, IV-V
Gh Binz, Bachstr. 14, ✆ 4455, II-III, 🚿̸
Gh Einödsbach, Einödsbach 1, ✆ 98454, II, 🚿̸
Gh Fellhornstuben, Faistenoy 11, ✆ 6246, III
Gh Kühberg, Oytalstr. 2, ✆ 3323, III-VI
Gh Laiter, Laiter 5, ✆ 4860, III-IV
Gh Oberstdorfer Einkehr, Pfarrstr. 9, ✆ 977850, V
Gh Oberstdorfer Stüble, Metzgerstr. 11, ✆ 96710, IV-V
Gh Schwand, Schwand 3, ✆ 5081, V
Gh Spielmannnsau, Spielmannsau 4, ✆ 3015, III-V
Gh Trettach Stüble, Oststr. 42, ✆ 4768, III-IV
Gh Weiler, Bachstr. 4, ✆ 4438, IV-V
Gh Wienerwald, Ludwigstr. 5, ✆ 2554, IV
P Birkenhof, Alpenrosenstr. 7, ✆ 4243, IV
P Christel, Gerberstr. 12, ✆ 5246, III
P Gutermann Landhaus, Obere Stillachstr. 9, III-IV
P Heidelberg, Spielhahnstr. 12, ✆ 5338, III-IV
P Kalot, Alpgaustr. 15, ✆ 2777, III
P Müller Johannes, Schellenbergerstr. 9, ✆ 4482, IV-V
P Rohrmoser, Baumannstr. 41, ✆ 5849, IV-V
P Sonnheim, Waltenbergerstr. 6, ✆ 2466, V-VI
P Alpenglühn, Wittelsbacherstr. 4, ✆ 4692, III
P Alpenhorst, Reithallenweg 5, ✆ 987026, II-III
P Alphof, Reute 17, ✆ 5136, II
P Alpin, Walserstr. 21, ✆ 3508, III-IV
P Alraune, Aurikelstr. 9, ✆ 4180, II
P Am Fellhorn, Faistenoy 6, ✆ 5404, III
P Berktold, Pfarrstr. 8, ✆ 2772, III-V
P Besler, Nebelhornstr. 57, ✆ 96450, III-V
P Blattner, Schraudolphstr. 4, ✆ 3201, II
P Daheim, Fuggerstr. 21, ✆ 4825, III
P Dager, Plattenbichlstr. 44, ✆ 3217, II
P Dodel, Hans-Besler-Str. 5, ✆ 4509, II-IV
P Drachenfels, Spielhahnstr. 5, ✆ 988532, III-V
P Drei Berge, Nebelhornstr. 27 a, ✆ 2738, III-V
P Eberle, Buindg. 1, ✆ 3893, III-IV
P Elvia, Wagnerg. 5, ✆ 97950, IV-V
P Evelyn, Sigismundstr. 3, ✆ 4623, III-IV
P Falkenstein, Reithallenweg 9, ✆ 4518, II-IV
P Fichtl, Clemens-Wenzeslaus-Str. 1, ✆ 3720, IV
P Fideliushaus, Lorettostr. 26, ✆ 4776, III
P Gambeck, Rechbergstr. 4, ✆ 2478, II
P Gaymann, Am Stiegele 5, ✆ 96400, IV-V
P Geiger, Flohmarkt 5, ✆ 988470, II-V
P Gentiana, Fuggerstr. 17, ✆ 4762, II-III
P Grüntenblick, Maximilianstr. 12, ✆ 4610, II
P Hammerspitz, Maximilianstr. 13, ✆ 2902, II
P Heimenhof, Heimenhofenstr. 6, ✆ 2267, III
P Hermine, Am Schelmenhag 20, ✆ 4236, II-III
P Hiesinger, Weststr. 22, ✆ 4492, II-III
P Hilbrand, Clemens-Wenzeslaus-Str. 9, ✆ 98522, V
P Hochfeichter, Zollstr. 4, ✆ 3180, III-IV
P Hofacker, Walserstr. 12, ✆ 5651, III-IV
P Immenhof, Im Haslach 18, ✆ 97960, IV-V
P Imminger, Weststr. 47, ✆ 4798, II-III
P Jobst, Naglerg. 6, ✆ 4526, II-III
P Kappeler, Am Schelmenhag 9, ✆ 5700, III
P Katharina, Prinzenstr. 9, ✆ 3696, II-IV

P Leising, Rechbergstr. 6, ✆ 2482, II-III
P Lug ins Land, Plattenbichlstr. 7, ✆ 5430, V-VI
P Mariandl, Hammerspitzweg 4, ✆ 2143, III-IV
P Martina, Walserstr. 12 a, ✆ 97910, III
P Math, Naglerg. 1, ✆ 96240, II
P Mayer, Gelbe Buind 2, ✆ 4577, II
P Minikus, Meyersoyg. 4a, ✆ 4960, III
P Möserhof, Karatsbichl 2, ✆ 3605, III
P Moritzar, Ahornstr. 9, ✆ 7862, III
P Neuschwanstein, Hermann-von-Barth-Str. 27, ✆ 2520, III-IV
P Rappenkopf, Walserstr. 23, ✆ 3865, III
P Renn, Waldburgstr. 5, ✆ 2590, III-IV
P Riefenhaus, Maximilianstr. 7, ✆ 2567, II-III
P Rubyn, Naglerg. 3, ✆ 2743, II-V
P Rupfer, Holzerstr. 21, ✆ 2410, III
P Schaidnagel, Prinzenstr. 26, ✆ 5586, III
P Schwand, Schwand 4, ✆ 4140, II-III
P Sinz, Küferstr. 1, ✆ 4682, II-III
P Stefanie, Maximilianstr. 4, ✆ 2216, III-V
P Stillachtal, Faistenoy 1, ✆ 4386, IV-V
P Übelhör, Walserstr. 14, ✆ 2662, III
P Wirth, Weststr. 14, ✆ 96180, II-III
P Zufriedenheit, Alter Steinachweg 7, ✆ 2195, III
Pz Abler, Rubingerstr. 3 a, ✆ 2615, II
Pz Alpenhof, Obere Bahnhofstr. 9, ✆ 6248, II-III
Pz Am Hang, Plattenbichlstr. 11, ✆ 8813, II
Pz Anna, Walserstr. 10, ✆ 4970, V-VI
Pz Bechteler, Alpgaustr. 31, ✆ 2493, II
Pz Beim Jockar, Birgsau 6, ✆ 8253, II
Pz Bickel, Birgsauerstr. 2, ✆ 3447, II
Pz Boxler, Am Dummelsmoos 37, ✆ 96210, II-III
Pz Carolina, Plattenbichlstr. 43, ✆ 4249, II
Pz Dressel, Wannackerstr. 4b, ✆ 5574, II
Pz Eberle, An der Flachsröste 4, ✆ 2257, II
Pz Eberle, Schwand 1, ✆ 3425, II
Pz Ender, Rubingerstr. 21, ✆ 2505, I-II
Pz Gürtler, Freibauernstr. 12, ✆ 2516, II-III
Pz Hiesinger, Naglerg. 6, ✆ 4526, III
Pz Ilg, Am Schelmenhag 18, ✆ 5384, II
Pz Kissner, Pfarrstr. 6, ✆ 7239, III
Pz Ländle, Baumannstr. 25, ✆ 2483, II
Pz Lind, An der Flachsröste 6a, ✆ 1745, II
PZ Lindenmaier, Plattenbichlstr. 36, ✆ 2922, II
Pz Matthies, Am Dummelsmoos 3, ✆ 1200, II
Pz Menig, Nebelhornstr. 43, ✆ 2742, II
Pz Nennars, Rankg. 4, ✆ 5448, II
Pz Pösl, Lorettostr. 24, ✆ 6419, III-IV
Pz Rietzlerhaus, Am Faltenbach 1, ✆ 2825, II
Pz Rosemarie, Am Otterrohr 7a, ✆ 4427, II-III
Pz Schraudolph, Schützenstr. 1a, ✆ 5224, II
Pz Speiser, Lindenstr. 6, ✆ 4587, III
Pz Wagner, Am Faltenbach 24, ✆ 3842, II
Campingplatz, Rubinger Str. 16, ✆ 6525
Europäisches Jugendhaus e. V., Jauchen 2a, ✆ 2249
Familienferien am Freibergsee, Freibergsee 3, ✆ 5408
Jugendherberge Kornau, Kornau 8, ✆ 2225, I
Naturfreundeferienheim, Am Freibergsee, ✆ 2285, II-III
Naturfreunde-Ferienheim Kanzelwandhaus, Faistenoy 12, ✆ 3346, III
Touristen- u. Jugendheim Spielmannsau, ✆ 3015, I-II

Fischen im Allgäu

PLZ: 87538; Vorwahl: 08326
Kurverwaltung Fischen, Am Anger 15, ✆ 36460
H Burgmühle, Auf der Insel 4, ✆ 9950, V-VI
H Frohsinn, Wiesenweg 4, ✆ 384930, VI
H Sonnenbichl, Sägestr. 19, ✆ 9940, IV-VI
H Rosenstock, Berger Weg 14, ✆ 364560, V-VI
H Tanneck, Maderhalm 20, ✆ 9990, VI
H Sonnenbichl-Birkenhang, Sägestr. 20, ✆ 9940
H Forellenbach, Mühlenstr. 41/2, ✆ 545 u. 0170/2946141, V
H Kaserer, Gundelsberger Weg 7, ✆ 36040, III-V
H Maderhalm, Maderhalm 19, ✆ 36050, IV-V
Gh Inselmühle, Auf der Insel 3, ✆ 9898, IV-V
Gh Krone, Auf der Insel 1, ✆ 287, III-V
Gh Münchner Kindl, Hauptstr. 11, ✆ 8389, III-V
Gh Stadelmann, Am Anger 12, ✆ 544, III-IV
P Allgäuer Hof, Am Anger 12, ✆ 38081, III-IV
P Auerhof, Weiler 2, ✆ 8300, II-III
P Barbara, Weiler 5, ✆ 487, I-III
P Bergheimat, Weilerstr. 9, ✆ 38212, II-IV
P Birkenhof, Berger Weg 22, ✆ 3849919, II-III
P Hartmann, Zum Tannacker 1, ✆ 411, II-III
P Kannler, Sägestr. 6, ✆ 366861, III-V
P Schmid, Weiler 12, ✆ 8380, III-IV
P Marga, Beslerstr. 3, ✆ 364030, II-III
P Nicole, Weiler 13, ✆ 7064, III-IV
P Rubihornblick, Weilerstr. 18 1/2, III-IV
P Ruppaner, Achweg 14, ✆ 7776, III
P Sonnengrund, Grüntenstr. 5, ✆ 7235, III-IV
P Sonnenhügel, Am Burgstall 10, ✆ 480, II-III
P Vergissmeinnicht, Gundelsberger Weg 3 u. 5, ✆ 1805, II-V
P Walther, Ornachstr. 10, ✆ 563, III-V
Pz Beatrix, Maderhalmer Weg 12, ✆ 1610, IV-V
Pz Bigl, Ornachstr. 11, ✆ 35041, II
Pz Böck, Achweg 7, ✆ 214, II
Pz Edelweißhof, Mühlenstr. 6, ✆ 483, II-III
Pz Eggensberger, Weilerstr. 17, ✆ 558, I-II

Pz Endres, Achweg 35, ✆ 7308, II-III
Pz Geiger, Hauptstr. 6, ✆ 8332, II-III
Pz Gschwender, Beslerstr. 7, ✆ 1276, II
Pz Hagelmüller, Berger Weg 16, ✆ 692, II
Pz Hausner, Weilerstr. 13, ✆ 562, II
Pz Heckenröschen, Weiherkopfweg 8, ✆ 7432, II-III
Pz Jehle, Achweg 9, ✆ 590, II
Pz Julia, Beslerstr. 26, ✆ 1013, II
Pz Litzinger, Bahnhofstr. 4, ✆ 7969, II-III
Pz Maria Theresia, Berger Weg 18, ✆ 666, III
Pz Schmid, Bolgenstr. 10, ✆ 7477, II-III
Pz Wagner, Ornachstr. 4, ✆ 421, II
Pz Wiesenhof, Weilerstr. 42, ✆ 8395, II-III
Pz Wolf, Weilerstr. 22, ✆ 560, I-II
Bh Eberle, Ornachstr. 12, ✆ 7238, II
Bh Weber, Berger Weg 13, ✆ 36390, I-IV

Sonthofen

PLZ: 87527; Vorwahl: 08321
i Gästeamt, Rathauspl. 1, ✆ 615291
H Schmideler, Grüntenstr. 29b, ✆ 66600, IV-V
H Deutsches Haus, Schnitzerstr. 3, ✆ 7809850, V
H Zum Ratsherrn, Hermann-von-Barth-Str. 4, ✆ 2929, III-V
H Bauer, Hans-Böckler-Str. 86, ✆ 7091, V
H Schwäbele Eck, Hindelanger Str. 9, ✆ 67200, IV-V
Gh Hirsch, Grüntenstr. 7, ✆ 67280, III-V
Gh Zur Rebe, Bahnhofstr. 14, ✆ 4431, II
Gh Adler, Hochstr. 7, ✆ 2309, II-V
Gh Zur Traube, Grüntenstr. 11, ✆ 67180, III-V
P Johanna, Sonnenkopfstr. 13, ✆ 89042, III
P Sterken, Hochvogelstr. 1, ✆ 3357, III-IV
Pz Oberallgäu, Richard-Wagner-Str. 14, ✆ 4675, II
Pz Kempf, Richard-Wagner-Str. 6, ✆ 788546, II
Pz Kranzusch, Hofener Str. 12, ✆ 88335, II
Bh Albert, Bommerstallstr. 13, ✆ 9366, I-II

Blaichach

PLZ: 87544; Vorwahl: 08321
i Gästeamt, Immenstädter Str. 7, ✆ 800836
H Wolf, Schwandener Str. 21, ✆ 673020, III
H Kühbergalp, Kühberg 1, ✆ 66390, VI
Gh Goldenes Kreuz, Talstr. 41, ✆ 2560, II
Gh Schlegel, Am Brand 9, ✆ 3722, II
Gh Marienbrücke, Illerstr. 6, ✆ 674480, II
Gh Alpenrose, Birkachweg 1, ✆ 2572, II
Gh Buhls Alpe, Ostertalweg 2, ✆ 3733, II
Gh Hirsch, Gunzersried-Säge 30, ✆ 2554, III
P Auffinger, Gunzesried-Säge 32, ✆ 2994, I-II
P Haltmayr, Gunzesried-Säge 22, ✆ 2867, I-II
P Schönblick, Halden 1, ✆ 2141, I-II
P Bachtl, Im Bachtl 4, ✆ 67010, II-III
P Stangl, Kapf 6, ✆ 2873, II
Pz Halde, Höhenweg 4, ✆ 88075, I-II
Pz Baumann, Kapf 18, ✆ 5720, I-II
Pz Beck, Im Grund 4, ✆ 2915, I-II
Pz Leimgruber, Kapf 31, ✆ 9780, I-II
Pz Mayr, Talstr. 78, ✆ 9704, I-II
Pz Sichler, Talstr. 10, ✆ 86212, III
Pz Waibel, Talstr. 62, ✆ 82283, II
Pz Weiler, Talstr. 82, ✆ 82994, I
Bh Waibelhof, Talstr. 75, ✆ 4580, III
Bh Socher, Seifriedsberg 4, ✆ 89090, II
Bh Kühberg, Kühberg 3, ✆ 84278, II

Immenstadt

PLZ: 87509; Vorwahl: 08323
i Gäste-Information, Marienpl. 3, ✆ 914176
H Hirsch, Hirschstr. 11, ✆ 6218, V-VI
H Lamm, Kirchpl. 2, ✆ 6192, III-V
H Goldener Adler, Marienpl. 14, ✆ 8549, II-IV
H Steineberg-Steigbachstuben, Edmund-Probst-Str. 1, ✆ 96460, IV-V
Gh Drei König, Marienpl. 11, ✆ 8628, III-IV
Gh Traube, Kemptener Str. 2, ✆ 986565, V-VI
P Schwarzer Adler, Landwehrpl. 1, ✆ 6224, II-III
P Smieja, Kalvarienbergstr. 33, ✆ 8363, II
Pz Bufler, Liebherrstraße, ✆ 8146, II
Pz Glattes, Kemptener Str. 37, ✆ 6322, II
Pz Neber, Königseggstr. 17, ✆ 1433, II
Bucher's Camping, Seestr. 25, ✆ 7726

Bühl am Alpsee

PLZ: 87509; Vorwahl: 08323
i Gäste-Information, Seestr. 5, ✆ 914178
H Rothenfels, Missener Str. 60, ✆ 9190, V-VI
Gh Zum Alpsee, Seestr. 14, ✆ 6321, III
P Bechteler, In der Hub 15, ✆ 6251, II
P Christine, Rieder 6, ✆ 8402, II
P Mörtl, In der Hub 11, ✆ 8371, I-II
P Mosmang, Rieder Steige 5, ✆ 8938, II
P Zinner, Rieder Steige 8, ✆ 8269, I
Pz Gerung, Kirchsteige 4, ✆ 6755, I,
Pz Haslach, Hugofelsweg 5, ✆ 8845, I
Pz Haslach, In der Hub 16, ✆ 4638, I
Pz Mönch, Fischerweg 16, ✆ 8821, II,
Pz Rogowsky, Unterm Horn 18, ✆ 8149, II
Pz Roth, Rieder 50, ✆ 8256, II
Pz Waibel, Rieder 40, ✆ 4919, I-II
Bh Geiger, Rieder 22, ✆ 6263, I-II
Bh Hierl, Seestr. 3, ✆ 987189, II
Bh Reiserhof, Trieblingser Weg 3, ✆ 2177, II

Martinszell

PLZ: 87448, Vorwahl: 08379
Gh Landgasthof Adler, Illerstr. 10, ✆ 920700, IV
Gh Illerbrücke, Häusern 1, ✆ 318, III

Gh Hasen, Hauptstr. 22, ✆ 823
Gh Landgasthof Seehof, Am See 1, ✆ 341, III
P Sonnenhang, Niedersonthofener Str. 26, ✆ 92020, II-III
Pz Kaserer, Ringgen 3, ✆ 7683, I
Pz Riezler, Sondert 11, ✆ 7089, II
Pz Trunzer, Buch 3, ✆ 7545, II

Memhölz

PLZ: 87448; Vorwahl: 08379
Gh Zum Ochsen, Memhölz 30, ✆ 08303/255, II
P Landhaus Geratser Hof, Gerats 21, ✆ 08303/423, III
P Familienferienstätte, Schönstatt, Berg 68, ✆ 92040, I-II
P Ferienhaus Friesinsel, Friesinsel 25, ✆ 08303/7686, II
Pz Gieger, Helen 94, ✆ 08303/1285, I
Pz Hörmann, Wollmuths 53, ✆ 367, II
Pz Kilger, Wollmuths 52, ✆ 7036, II
Pz Müller, Laubgarten 6, ✆ 08303/648, II
Pz Niederhofer, Wies 18, ✆ 7547, II
Pz Peuker, Memhölz 47, ✆ 08303/7505, I

Niedersonthofen

PLZ: 87448; Vorwahl: 08379
Gh Engel, Mühlenbergstr. 71, ✆ 375, III
Gh Krone, Sonnenstr. 1, ✆ 212, II
P Köberle, Kalvarienberg 8, ✆ 7420, II
P Schmid, Am Angerfeld 16, ✆ 7037, II
P Alpenblick, Stoffels 5, ✆ 7409, II
Pz Schöll, Rieggis 2, ✆ 303, II
Pz Stolz, Am Angerfeld 2, ✆ 551, I
Pz Burger, Sonnenstr. 25, ✆ 7654, II
Pz Einödhof Schöll, Rieggis 1, ✆ 7640, II
Pz Vogler, Gopprechts 30, ✆ 656, II
Pz Zeh, Kalvarienberg 15, ✆ 7038, I
Camping Zeh „Am See“, Burgstr. 27, ✆ 7077

Waltenhofen

PLZ: 87448; Vorwahl: 08379
Gästeinformation, Immenstädter Str. 7, ✆ 08303/7929
Gh Krone, Bahnhofstr. 14, ✆ 218, III
Insel Camping, Insel 32 3/4, ✆ 881

Kempten

PLZ: 87435; Vorwahl: 0831
Regio Tourismus e. V., Rathauspl. 24, ✆ 19433
H Am Forum, Kotterner Str. 72, ✆ 521870, V-VI
H Bahnhof, Mozartstr. 2, ✆ 22073, III
H Bayrischer Hof, Füssener Str. 96, ✆ 57180, V-VI
H Berg-Café, Höhenweg 6, ✆ 575110, II-III
H Fürstenhof, Rathauspl. 8, ✆ 25360, IV
H Haslacher Hof, Immenstädter Str. 74, ✆ 5226070, III
H Hirsch, Lenzfrieder Str. 55, ✆ 574000, IV-V
H Kempten, Bahnhofstr. 1, ✆ 25275, V-VI
H Peterhof, Salzstr. 1, ✆ 52440, IV
H Sonnenhang, Mariaberger Str. 78-80, ✆ 93756, V
H Waldhorn, Steufzger Str. 80, ✆ 580580, IV
Hg Auf'm Lotterberg, Königsberger Str. 31, ✆ 592040, V
Gh Kohlers Gaststätte, Karlstr. 4, ✆ 69615, III-IV
Gh Fuchs, Memminger Str. 17, ✆ 22372, III
P Bei den Birken, Goethestr. 25, ✆ 28008, III-IV
Pz Eberle, Letten 1, ✆ 65648, I
Pz Krämer, Fürstenstr. 47, ✆ 27906, II-III
Pz Ortwein, Peter-Dörfler-Str. 7, ✆ 77244, II
Pz Schröder, Im Rothkreuz 36, ✆ 85081, I
Pz Teufele, Lindauer Str. 215, ✆ 83927, I
Pz Weinhart, Stadtallmey 1, ✆ 83925, I
Pz Weixler, Hinterholz 2a, ✆ 77227, I
Jugendherberge, Saarlandstr. 1, ✆ 73663, I

Reichholzried

PLZ: 87463; Vorwahl: 08374
Gemeinde Dietmannsried
Pz Hartmann, Hesselstall 4a, ✆ 8360, I-II
Pz Hartmann, Hesselstall 4, ✆ 8974, I
Fw Meggle, Heusteig 10, ✆ 6221
Fw Brzoska, Illerstr. 19, ✆ 7668
Fw Haug, Heusteig 12, ✆ 8190
Fw Hoffmann, Richolfstr. 6, ✆ 6017
Haldenmühle Camping, FKK-Familien-Freizeitgelände, ✆ 5991 od. ✆ 8325

Bad Grönenbach

PLZ: 87730; Vorwahl: 08334
Kurverwaltung, Marktplatz 5, ✆ 60531
H Grönenbach, Ziegelberger Str. 3, ✆ 98480
Gh Zur Post, Marktstr. 10, ✆ 206
Gh Wieslingshof, Zell-Wieslings 4, ✆ 98250
Gh Thannhof, Schulerloch 4, ✆ 255
P Bochtler, Steinbacher Weg 16, ✆ 7137
P Zur Tanne, Mozartstr. 2, ✆ 832
P Rosi, Beethovenstr. 1, ✆ 98200

Kronburg

PLZ: 87757; Vorwahl: 08394
Gh Restauration, Illerstr. 12, ✆ 366, I
Gh Schloss Kronburg, Burgstr. 1, ✆ 271, IV

Legau

PLZ: 87764; Vorwahl: 08394
Gh Zum Löwen, Marktpl. 3, ✆ 223, III

Memmingen

PLZ: 87700; Vorwahl: 08331
Stadtinformation, Marktpl. 3, ✆ 850172
H Parkhotel a. d. Stadthalle, Ulmer Str. 7, ✆ 9320, V
H Hiemer, Obere Str. 24, Amendingen, ✆ 87951, V

H Weißes Ross, Kalchstr. 16, ✆ 9360, IV-V
Hg Falken, Rossmarkt 3-5, ✆ 94510, V
Hg Am Südring, Pulvermühlstr. 1, ✆ 944550, IV
Gh Bauerntanz, Herrenstr. 10, ✆ 2425, IV
Gh Bruckwirt, Ferthofen, ✆ 62567, II
Gh Krone, Steinheim, ✆ 94960, II
Gh Lindenbad, Lindenbadstr. 18, ✆ 3278, III
Gh Schwabenhof, Illerstr. 42, ✆ 62782, III
P Gästehaus Schmid, Unter den Halden 6, ✆ 61151, III
P Erb, Zollergraben 5, ✆ 84868, IV
Jugendherberge, Kempter Str. 42, ✆ 494087

Buxheim

PLZ: 87740; Vorwahl: 08331
Gemeindeamt, Kirchpl. 2, ✆ 97700
Gh Weiherhaus, Am Weiherhaus 13, ✆ 72123, IV

Altenstadt

PLZ: 89281; Vorwahl: 08337
Rathaus, Hindenburgstr. 1, ✆ 7210
H Fischer, Memminger Str. 35, ✆ 752814
H Schlosswirtschaft, Kirchenpl. 2, ✆ 74100
Hg Hotel Garni, Bahnhofstr. 10, ✆ 7260
Gh Bürgerstuben, Memminger Str. 77, ✆ 5454
Gh Rössle, Memminger Str. 62, ✆ 1037
Gh Sonne, Bahnhofstr. 8, ✆ 302
P Zum Allgäu, Fabrikstr. 12, ✆ 9669

Illertissen

PLZ: 89257; Vorwahl: 07303
Kulturamt, Hauptstr. 4, ✆ 172-11
H Bahnhofhotel Vogt, Bahnhofstr. 11, ✆ 96130, V-VI
H Dornweiler Hof, Dietenheimer Str. 93, ✆ 959149, VI
H Illertisser Hof, Carnac Platz 9, ✆ 9500, V-VI
H Hotel am Schloss, Schlossallee 17, ✆ 96400, V-VI
H Sonnenhof, St. Johannes-Str. 38, ✆ 96150, IV-V
Hg Hotel Garni, Bräuhausstr. 9, ✆ 2149, III
Gh Reiterhof, Illertal, ✆ 3327, IV
Campingplatz Illertissen, Dietenheimer Str. 91, ✆ 7888, ÖZ: 1. April-15. Okt.

Vöhringen

PLZ: 89269; Vorwahl: 07306
Stadtverwaltung, Hettstedter Platz, ✆ 96220
H Sporthotel, Sprotparkstr. 11, ✆ 96700
Hg Noblesse, Siedlerstr. 7, ✆ 96280
Gh Friedenslinde, Wielandstr. 22, ✆ 8668

Senden

PLZ: 89250; Vorwahl: 07307
Stadtverwaltung, Hauptstr. 34, ✆ 9450
H Alpenhof, Senden-Ay, Am Sportplatz 2, ✆ 90310
H Feyrer, Bahnhofstr. 18, ✆ 9410
H Vier Jahreszeiten, Kemptener Str. 4, ✆ 952474
H Akropolis, Haydnstr. 2, ✆ 6557
Gh Rössle, Senden-Aufheim, Unterdorf 12, ✆ 98600
Gh Zur Goldenen Traube, Senden-Ay, Hauptstr. 124, ✆ 07309/2322
Gh Zur Krone, Senden-Ay, Hauptstr. 124, ✆ 94950
Gh Zur Krone, Senden-Wullenstetten, Römerstr. 27, ✆ 22230

Ulm

PLZ: 89073; Vorwahl: 0731
Information im Stadthaus, Münsterpl. 50, ✆ 1612830
H Stern, Sterng. 17, ✆ 15520, V-VI
H Maritim, Basteistr. 40, ✆ 9230, VI
H InterCity, Bahnhofpl. 1, ✆ 9655-0, V-VI
H IBis, Neutorstr. 12, ✆ 96470, IV
H Comfor, Frauenstr. 51, ✆ 96490, V
H Reblaus, Kroneng. 8-10, ✆ 968490, III-V
H Ulmer Spatz, Münsterpl. 27, ✆ 64162, III
H Münster, Münsterpl. 14, ✆ 64162, III
H Zum Anker, Rabeng. 2, ✆ 63297, III
H Roter Löwe, Ulmer G. 8, ✆ 62031, V
H Goldenes Rad, Neue Str. 65, ✆ 969925-0, V
H Goldener Bock, Bockg. 25, ✆ 920340, IV-V
H Schiefes Haus, Schwörhausg. 6, ✆ 967930, VI
H Bäumle, Kohlg. 6, ✆ 62287, II-III
H Schwarzer Adler, Frauenstr. 20, ✆ 6025000, III
H Ulmer Stuben, Zinglerstr. 11, ✆ 962200, IV
Hg Strohm, Syrlinstr. 21, ✆ 96510, V
P Rösch, Schwörhausg. 18, ✆ 65718, II-III
P Heigeleshof, Heigeleshof 3, ✆ 6026468, II
P City-Appartement I, Karlsplatz, ✆ 22207, III
Geschwister-Scholl-Jugendherberge, Grimmelfinger 45, ✆ 384455

Neu-Ulm

PLZ: 89231; Vorwahl: 0731
Information im Stadthaus Ulm, Münsterpl. 50, ✆ 1612830
H Mövenpick, Silcherstr. 40, ✆ 80110, V-VI
H Römer-Villa, Parkstr. 1, ✆ 800040
H Donau-Hotel, Augsburger Str. 34, ✆ 97690, IV-V
H Deckert, Karlstr. 11, ✆ 76081, IV
H City-Hotel, Ludwigstr. 27, ✆ 97452-0, V
H Stadt Lindau, Bahnhofstr. 10, ✆ 77148, III
H Brauhaus Barfüßer, Paulstr. 4, ✆ 97448-0, III
P Dennis Ramey, Johannisstr. 3-1, ✆ 27700, III
H Bad Wolf, Augsburger Str. 94, ✆ 77672, II
Gh Rose, Kasernstr. 42a, ✆ 77803, II

Ortsindex

Einträge in kursiver Schrift beziehen sich aufs Übernachtungsverzeichnis.

Rund ums IJsselmeer
Internationale Dollard-Route
Radatlas Ost-Friesland
Nordseeküsten-Radweg
Nordseeküsten-Radweg
Nordseeküsten-Radweg
Nordseeküsten-Radweg
Radfernweg Berlin – Kopenhagen
Radatlas Niederrhein
Weser-Radweg
Deutsche Fehnroute
100 Schlösser im Münsterland
Lüneburger Heide-Radweg
Limfjord-Route
Radatlas Mecklenburgische Seen
Ostseeküsten-Radweg
Rhein-Radweg
Radatlas Vulkaneifel
Leine-Radweg
Ems-Radweg
Elbe-Radweg
Elbe-Radweg
Berliner Mauer-Radweg
Ostseeküsten-Radweg
Rhein-Radweg
Mosel-Radweg
Ruhr-Radweg
Lahn-Radweg
Fulda-Radweg
Muldental-Radweg
Radatlas Brandenburg
Oder-Neisse-Radweg
Rhein-Radweg
Saar-Radweg
Saarland-Radweg
Deutsche Burgenstraße
Main-Radweg
Main-Tauber-Fränkischer Rad-Achter
Radatlas Brandenburg
Spree-Radweg
Neckar-Radweg
Nahe-Radweg
Deutscher Limes-Radweg
Drei Täler-Radweg
Radatlas Donau-Allgäu
Liebliches Taubertal
Werratal-Radweg
Rennsteig-Radweg
Neckar-Radweg
Nahe-Radweg
Kocher-Jagst-Radweg
Donau-Bodensee-Radweg
Bodensee-Radweg
Rund um München
Tour de Baroque
Fünf-Flüsse